아빠와 크레파스

글 김도영

그림 안나

이 글을 아내와 딸에게 바친다.

목차

프롤로그. 냉장고에 붙은 이야기   8

봄: 크레파스 선에 피어난 꽃

01. 아빠, 더 크게 그려줄까?   16
02. 바람의 속삭임   26
03. 내 안의 작은 화가   38
04. 아빠, 나 불안해   48
05. 마지막 인사   58

여름: 바다 위에 그린 우리의 꿈

06. 빗속의 아이   72
07. 지금, 당신의 인생은 어떤 색입니까?   84
08. 우리의 작은 시절   94
09. 붕어빵 한입   104

가을: 물들어가는 가족의 이야기

10. 우리를 비춰주는 별   116
11. 감나무 아래에서   126
12. 다리를 잇는 마음   136
13. 하나의 그림, 두 개의 이야기   146
14. 음악이 머무는 순간   156
15. 어둠 속에서   166

겨울: 하얀 눈 위에 그린 약속

16. 토토와 솜냥이, 두 친구의 동거 이야기   178
17. 책 속의 세계   188
18. 산타의 선물   198
19. 함께 만들어 가는 집   208
20. 다시, 봄   218

에필로그. 가족이라는 풍경   226

프롤로그. 냉장고에 붙은 이야기

혹시 아이들이 그린 그림을 유심히 살펴보신 적이 있나요?

아이가 있는 집이라면 냉장고에 스케치북 한 장쯤은 붙어있을 겁니다. 크레파스로 그린 그림 한 장 말이죠.

그런데 여러분, 무심코 그린 그림 속에 아이의 심리가 담겨 있다는 사실을 알고 계셨나요? 단순해 보이는 선 하나, 도형 하나에도 아이가 느끼는 감정과 경험이 스며들어 있습니다. 어른들의 눈에는 낙서처럼 보일지도 모릅니다. 하지만 그 속에는 아이의 마음, 그리고 아이가 세상을 바라보는 시선이 고스란히 녹아 있습니다. 작은 손으로 그린 그림이지만 그 안에는 아주 큰 이야기가 담겨 있는 셈이지요.

저도 처음에는 그랬습니다. 딸이 그린 그림을 보며 "귀엽다.",

"잘 그렸네." 하고 칭찬만 했을 뿐 그 이상으로 깊이 생각하지 않았습니다. 그림은 그저 아이의 창의력을 표현하는 결과물이라 여겼으니까요. 하지만 언제부턴가 딸이 그린 그림의 선과 색깔, 구성에서 감춰진 이야기가 보이기 시작했습니다. 아이들은 말로 표현하지 못하는 감정이나 경험을 크레파스 선과 색에 담아냅니다. 그림 속에 그려진 가족의 크기, 위치, 색의 밝기, 선의 강약은 아이가 느끼는 관계와 감정의 표현입니다.

 예를 들어볼까요? 부모 중 한 사람을 작게 그리고 멀리 떨어뜨려 놓는다면 이는 아이가 느끼는 심리적 거리감이나 소외감을 나타낼 수 있습니다. 반대로 가깝고 크게 그려진 인물은 아이가 관계에서 느끼는 안정감과 애정을 보여주는 것이지요.

 자, 이제 냉장고 위에 붙은 그림을 다시 한번 살펴보세요. 아이가 그린 가족 그림 속에서 엄마와 아빠는 어디에 있나요? 엄마는 화사한 색으로 크고 선명하게 표현되었나요? 아빠는 작고 흐릿한 색으로 구석에 자리 잡고 있지는 않나요? 아이 자신은 어떻게 투영되고 있나요? 이렇듯 아이의 마음은 그림 속에서 솔직하게 드러납니다.

간단한 사례를 하나 소개해드리겠습니다. 한 아이가 가족 그림을 그렸는데 이상하게도 자신의 다리만 그려 넣지 않았습니다. 전문가들은 아이가 불안함을 느끼며 가족 내에서 자신의 위치를 찾지 못하고 있다고 분석했죠. 실제 그 아이는 부모의 잦은 부재로 심리적 불안을 느끼고 있었고 그 무의식이 그림에 나타난 것이었습니다. 이 일화는 아이가 그린 그림이 아이의 심리 상태를 이해하고 관계를 개선하는 열쇠가 될 수 있다는 점을 보여줍니다.

아이의 그림은 부모를 향한 초대장입니다. 크레파스를 통해 전해지는 그 초대장은 우리에게 말합니다.

내 마음을 알아주세요.

나와 더 가까이 있어 주세요.

작은 손으로 그린 그림 한 장, 그 속에는 아이들의 커다란 이야기가 담겨 있습니다. 크레파스 선에 담긴 세계를 이해하는 여정을 함께 시작해보세요.

아이와 부모가 서로에게 더 가까이 다가갈 수 있는 특별한 시간을 경험하게 될 것입니다.

들어가기 전에

아이와 그림 그리기, 어떻게 할까요?

1. 편안한 환경 만들기

종이, 크레파스, 색연필 등 아이가 좋아하는 도구를 준비해주세요. 아이가 '잘 그려야 한다'라는 부담 없이 자유롭게 상상하고 표현할 수 있도록 격려해주세요.

2. 마음의 소리 읽기

아이가 그린 그림을 찬찬히 살펴보고 그림 속 마음의 소리를 읽어보세요. 그림에는 아이가 말로 표현하지 못한 감정과 생각의 흔적이 숨어있습니다. 하지만 여기서 중요한 건 분석보다 대화입니다. 아이가 스스로 이야기를 꺼낼 때까지 기다려주세요.

3. 아이에게 질문하기

그림을 보며 "이건 누구야?", "그릴 때 어떤 기분이었어?"처럼 가벼운 질문을 건네보세요. 정답을 기대하기보다는 아이의 이야기를 듣는 것에 집중하면 어느새 아이도 자연스럽게 마음을 열게 될 것입니다.

《봄》

크레파스 선에 피어난 꽃

#1. 아빠, 더 크게 그려줄까?

▨ 읽기 전에 함께 그려볼까요?
여러분이 생각하는 **<가족의 모습>**을 그림으로 표현해보세요.
가족의 크기, 위치, 표정을 상상하며 각자의 느낌대로 자유롭게 그려보세요.

커피 한잔을 내렸다.

진한 원두향이 거실을 가득 메웠고 TV에는 전날 밤 열린 야구 경기가 재방송 되고 있었다.

딸 안나는 식탁 맞은편에 앉아 스케치북을 펼치고 무언가를 열심히 그리고 있었다. 유치원에 다니는 안나는 그림 그리는 것을 좋아했다. 아이는 냉장고 문은 물론이고 집 벽면 곳곳에 자신이 그린 그림을 붙였다. 작디 작은 손으로 선을 그리고 색을 입히는 모습은 언제봐도 신기했다. 아이의 진지한 표정을 바라보다가 나도 모르게 웃음이 새어 나왔다.

"아빠, 이거 봐요!"

안나가 신이 난 목소리로 완성된 그림을 내밀었다. 꼼꼼하게 색칠된 그림 속 날씨는 화창했다. 햇님이 활짝 웃으며 햇살을 내리쬐고 있었고 딸 안나와 아내, 그리고 내가 푸른 잔디 위에 손을 잡고 서 있었다. 처음엔 사랑스러운 장면이라 생각했다. 하지만 아이가 아빠를 그린 그림에서 시선을 멈출 수밖에 없었다.

 가만히 들여다보니 그림 속 나는 구석에 작게 자리 잡고 있었다. 선도 흐릿했고 색도 다른 인물들에 비해 옅었다. 반면 아내는 화사한 색으로 크고 밝게 표현되어 있었고 안나는 엄마의 손을 잡고 웃으며 걸어가고 있었다. 그러나 아빠는 그 뒤로 한 걸음 물러난 듯한 모습이었다.

"우와! 정말 잘 그렸다!"

나는 애써 웃으며 말했다.

"이 그림은 어떤 그림이야? 우리 가족을 그린 거니?"

딸은 그림 속 인물들을 하나씩 손가락으로 가르키며 설명했다.

"엄마랑 나는 집에 걸어가는 모습이고요! 아빠는 우리가 잠들고 집에 오시는 걸 그렸어요."

확실히 요즘 들어 아이가 잠든 후에 집에 도착하는 날이 많았다. 아니, 사실 요즘뿐만이 아니다. 아이가 태어난 이후 6년 동안 나는 학위와 자격증 공부에 매달려 있었다. 여러 생각이 스쳐 갔다. 딸의 마음속에 가족의 모습이 정말 저렇게 그려져 있는 걸까? 그림 속 내 모습은 왜 이렇게 작고 흐릿했을까? 독일의 심리학자 루돌프 아른하임Rudolf Arnheim은 말했다.

"그림은 아이의 인지와 정서를 드러낸다. 평소에 자각하지 못하는 인간의 무의식과 밀접하게 연관되어있다. 그림 속 크기, 위치, 색상은 아이가 느끼는 관계의 심리적 거리를 보여준다."

그는 그림 속 인물의 크기가 관계의 중요성을 나타낸다고 설명한다. 크기가 클수록 아이에게 더 중요한 존재임을 의미한다. 반대로 작으면 아이가 느끼는 소외감이나 거리감을 나타낼 가능성이 높다. 또한 인물들의 위치와 배치는 심리적 친밀감을 보여주는 중요한 단서다. 가까운 위치는 따뜻한 관계를, 먼 위치는 단절감을 암시한다.

내가 딸의 그림에서 작고 흐릿하게 표현된 것은 우연이 아니었다. 딸의 무의식 속에 깃든 정서와 감정이 그대로 크레파스의 선과 색으로 나타난 것이다. 나는 딸의 그림에서 처음으로 내 모습을 객관적으로 바라보게 되었다.

물론 그림이 아이의 모든 감정을 대변하는 것은 아니다. 하지만 그림은 부모와 아이의 대화를 가능하게 하는 시작점이 될 수 있다. 또한 그림은 아이가 느끼는 관계와 감정을 이야기하는 첫 번째 언어이다. 그림 속에서 아이가 표현하는 메시지를 읽고 이를 통해 관계를 개선하려는 노력이 중요하다.

하루 10시간의 직장생활을 마치면 곧바로 대학원으로 향하여 인문학과 심리학을 공부했다. 그러는 동안 서너 권의 책을 출간했고 방송 출연, 인터뷰, 칼럼 연재는 물론 강의와 강연까지 쉼 없이 이어갔다. 언젠가 브레이크를 밟아야겠다고 생각했지만 인정받고 있다는 달콤한 감각에 엑셀에서 발을 떼기가 쉽지 않았다. 그렇게 바쁘게 지내는 동안 내 아이는 아빠의 얼굴이 아닌 등을 보며 자랐다. 그 사실을 깨달았을 때 뒤늦게 밀려온 후회는 쉽사리 가라앉지 않았다.

"아빠가 더 크게 그려지려면 어떻게 하면 될까?"

나는 그림을 바라보며 물었다.

"아빠가 나랑 놀아주면 되죠!"

나는 안나 옆에 가깝게 붙어 앉아 크레파스를 집었다. 안나도 크레파스로 자신과 함께 그림을 그리고 있는 아빠를 다시 그리기 시작했다. 이번엔 나의 모습이 더 크게, 더 선명하게 그려졌다. 안나는 아빠를 밝은색으로 채우며 말했다.

"아빠가 여기 있잖아요. 이제 더 크게 그릴 거야!"

그림이 완성되자 우린 그림을 냉장고 문에 붙였다. 나는 그 그림을 보며 결심했다. 딸에게 더 큰, 더 선명한 아빠가 되기로. 그 결심은 내 삶의 우선순위를 바꾸는 시작이었다. 나는 딸의 그림 속에서 아이가 아빠를 얼마나 필요로 하는지를 처음으로 깨달았다.

"다음 그림에서는 내가 더 크게 그려질까?"

안나는 고개를 끄덕이며 대답했다.

"아빠가 내 옆에 있으면 당연히 더 크게 그려지지!"

딸과 나는 서로를 바라보며 웃었다. 그림 한 장이 가족 간의 관계를 생각하게 만든다는 사실이 놀라웠다. 이처럼 아이들은 그림을 통해 부모에게 말을 건다.

딸의 그림 속 나는 더 크고 선명해졌다. 하지만 진짜 변화는 우리 사이의 관계였다. 딸의 작은 손끝에서 시작된 그 한 장의 그림이, 내 인생에서 가장 중요한 것은 무엇인지를 깨닫게 해 주었다.

가족 그림 그리기 (가이드북)

★ 가족 그림 그리기, 어떻게 시작할까요?

편안한 환경 만들기

아이가 자유롭게 가족 구성원들을 상상하며 그릴 수 있도록 격려해주세요.

♥ 그림이 들려주는 마음의 소리

1. 크기와 위치

- 크기는 인물 크기가 크면 중요성을, 작으면 심리적 소외감을 나타냅니다.
- 위치는 중심에 가까울수록 심리적 친밀감, 구석에 위치하면 거리감을 반영합니다.

2. 상호작용

- 손을 잡고 있는 모습은 긍정적인 관계를 의미합니다.
- 무표정 또는 각자의 방향은 심리적 거리감과 단절을 의미

합니다.

3. 색깔
- 밝고 따뜻한 색은 안정된 정서를 의미합니다.
- 어두운 색은 불안과 우울을 의미합니다.
- 색이 없는 경우는 감정 표현 억제를 의미합니다.

4. 인물 간 거리
- 인물 간 거리가 가깝다면 친밀감을 나타냅니다.
- 거리가 멀리 떨어져 있다면 단절감을 나타냅니다.

5. 배경 요소
- 배경에 집, 나무, 꽃 등이 추가되면 안정된 환경을 나타낼 수 있습니다.
- 배경이 빈 경우는 심리적 불안감과 현실 도피를 나타냅니다.

✷ 이렇게 질문해보세요

"이 그림에서 가장 마음에 드는 부분은 어디야?"

"여기 사람들은 어떤 기분일까?"

"이 그림에 더 추가하고 싶은 건 뭐야?"

"이건 어떤 장면을 그리고 싶었던 거야?"

♛ 부모님을 위한 팁

- 그림 속 이야기와 연결된 기억이나 감정을 나누며, "이 순간은 정말 특별했지? 네가 이렇게 표현하니 더 소중하게 느껴져."라고 말하며 공감과 소통의 시간을 만들어보세요.

※ 그림으로 모든 걸 판단할 수 없습니다. 그림은 도구일 뿐, 아이와 대화하는 것이 더 중요합니다.

《봄》크레파스 선에 피어난 꽃

#2. 바람의 속삭임

📖 읽기 전에 함께 그려볼까요?
아파트 단지나 공원 산책 중에 만난 **<나뭇잎과 바람>**을 상상해보세요.
소중한 사람과 함께 걸으며 느낀 풍경과 감정을 그림으로 표현해보세요.

퇴근 후의 내 삶은 언제나 분 단위로 쪼개져 있었다.

사무실을 나서자마자 대학원 강의실로 향했고 쫓기듯 하루를 보내고 집에 돌아오면 어느새 자정에 가까운 시간이 되곤 했다. 책상에 앉아 논문 자료를 펼치고 새벽까지 고민하던 날들이 반복됐다. 딸이 아장아장 걷기 시작했을 때도, 아이가 처음 '아빠'라고 발음하던 순간에도, 나는 온전히 그 순간을 집중하지 못했다.

대학원, 자격증 시험, 저서 집필. 이 모든 것은 내 삶의 원동력이자 동시에 나를 짓누르는 무게였다. 어느 하나라도 멈추는 순간 실패로 여겨질 것 같아 쉼 없이 달렸다. 하지만 멈추지 않고 달리는 것이 정말 앞으로 나아가는 것일까. 아니면 단지 그

자리를 지키려고 애쓰는 것일까. 이제 난 나 자신에게 솔직해지기로 했다. 나는 더 나은 아빠가 되고 싶었다. 불쑥 가족과의 시간을 희생하며 얻는 성취가 과연 진정한 의미가 있는지 의문이 들었다.

그렇게 마음을 먹은 뒤 퇴근 후의 시간은 달라졌다. 더 이상 책을 쌓아두고 도서관에 남아 있지 않았다. 집으로 돌아와 문을 열면 딸이 달려와 내 무릎 위로 뛰어올랐다.

"오늘 날씨도 좋은데, 우리 단지 안에서 산책이라도 할까?"

저녁 식사를 마치고 아내가 말했다. 나는 창문 밖을 바라보며 고개를 끄덕였다. 아파트 단지를 산책한다는 건 별로 특별할 것 없는 일이었다. 하지만 그동안 이런 여유를 가져본 적이 없었다. 분명 시간은 있었는데 왜 이런 삶을 상상해 본 적이 없었을까.

저녁이 되면 단지 안에서 여러 소리가 들렸다. 아이들이 놀이터에서 뛰어노는 소리가 들렸고 산책 나온 강아지들이 서로를 탐색하며 짖는 소리도 들렸다. 안나는 토끼 인형을 손에 쥐고

앞장서 걸었고 아내는 아이를 천천히 따라갔다. 나도 아내 옆에서 안나의 뒷모습을 바라보며 걸었다. 한참을 목적 없이 걷다 보니 복잡한 생각이 서서히 사라졌다. 그러자 나뭇잎 사이로 스치는 바람 소리가 귓가에 닿았다. 어떤 나무는 잎이 다 떨어졌지만, 그 너머로 드러난 가지는 나름의 매력을 뽐내고 있었다. 그동안 들리지 않던 것이 들렸고 보이지 않던 것이 시야에 들어왔다. 주변이 느껴지기 시작한 것이다.

"아빠, 여기 꽃 봐요!"

안나가 걸음을 멈추고 화단을 가리켰다. 나는 안나 옆에 쪼그려 앉아 함께 꽃을 바라봤다. 바람이 지나가며 꽃잎을 살짝 흔들었다.

"예쁘네. 근데 이름이 뭘까?"

"모르겠어요. 그냥 예뻐요."

딸은 인형을 내려놓고 손을 뻗어 꽃을 만졌다.

"근데 바람이 꽃을 간지럽히는 거 같아요."

바람이 꽃을 간지럽힌다니. 안나는 가끔 아내와 내가 깜짝 놀랄만한 은유적인 표현을 툭 던지듯 말했다. 나는 딸의 말을 들고 꽃잎이 흔들리는 모습을 가만히 바라봤다. 바람은 안나의 말처럼 꽃을 간지럽히더니 나무와 풀잎, 그리고 우리를 차례로 스치듯 지나갔다.

 그렇게 산책은 특별한 목적 없이 이어졌다. 딸이 멈춰 서면 우리도 걸음을 멈췄고 아이가 뛰어가면 뒤따랐다. 안나의 발걸음이 산책의 속도를 정했다. 점점 하늘이 어둑해지자 단지 곳곳에 늘어선 가로등 불빛이 하나씩 커졌다. 가로등 아래 딸은 나뭇가지에서 떨어진 잎을 주워 들고는 나에게 건넸다.
 "아빠, 이거 가져요. 나뭇잎 친구예요."
 나는 미소 지으며 나뭇잎을 받았다. 잎은 바람과 함께 이곳저곳을 떠돌다가 안나의 손에 닿은 듯했다.
 딸이 잠든 뒤에도 나는 산책길의 바람을 떠올렸다. 서로의 손을 잡고 그저 목적 없이 걷던 우리. 내가 바라는 삶은 바로 이런 것이었다. 이제는 가족과 함께 바람 소리를 듣고 아이가 건네는 작은 잎사귀를 받는 일이 나에게 가장 중요하다.

며칠 뒤, 딸이 스케치북을 펼치며 내게 물었다.

"아빠, 저번에 나뭇잎 친구랑 바람 얘기했잖아요. 그거 그림으로 그려도 돼요?"

나는 웃으며 고개를 끄덕였다. 딸은 크레파스를 집어 들고 스케치북에 나뭇잎과 바람을 그리기 시작했다.

"여기 나뭇잎이 춤추는 거고, 여기 바람이 친구인 거예요."

딸은 설명을 덧붙이며 그림을 완성했다. 그림 속 주황색 나무는 황금처럼 빛났고 바람은 우리를 둥실 떠오르게 했다. 그림을 통해 아이는 산책길에서 느꼈던 감정과 풍경을 재현했다.

"그림이 정말 멋지다."

나는 딸의 머리를 쓰다듬으며 말했다.

"아빠, 바람이 나랑 같이 놀아주는 것 같았어요."

가족이 함께 걸으며 느꼈던 감각들이 딸의 그림 속에 고스란히 담겨 있다. 그것은 내가 놓쳤던 시간이었고 공백으로 남아 있던 딸과 아빠 사이의 대화였다.

"아빠, 다음엔 다른 거 그려볼까요?"

"물론이지. 네가 그리고 싶은 건 뭐든지 그려보자."

나는 딸의 그림을 다시 한번 보았다. 딸이 자라면서 이런 순간들을 기억해줄까? 아니면 시간이 지나고 나서야 나처럼 그것들의 가치를 알게 될까?

삶의 여유는 멀리 있지 않다. 그것은 산책길에서 느낀 바람처럼 늘 가까이 있다. 다만 내가 멈추지 않아 느끼지 못했을 뿐이다. 이제는 그 멈춤 속에서 새로운 풍경을 발견할 수 있어 감사할 따름이다.

우리는 그림 속 풍경을 떠올리며 침대에 누웠다. 그림은 침실 한쪽 벽에 걸어두었다.

 그리고 꽤 오랫동안, 산책로에서 만난 나무와 바람, 꽃에 대해 이야기하다가 잠이 들었다.

바람의 속삭임 (가이드북)

★ 나뭇잎과 바람의 움직임을 그림으로 표현하기, 어떻게 시작할까요?

아이가 산책 중 느꼈던 나뭇잎과 바람의 움직임을 상상하며 자유롭게 그림을 그릴 수 있도록 격려해주세요.

"바람이 나뭇잎에게 무슨 이야기를 하고 있는 것 같아?" 또는 "나뭇잎이 바람을 따라 어디로 가고 있을까?" 같은 질문으로 상상력을 자극해보세요.

♥ 그림 속에 숨겨진 이야기

1. 나뭇잎의 크기와 색상

- 크고 선명한 나뭇잎은 아이가 긍정적이고 활기찬 감정을 느끼고 있음을 나타냅니다.
- 작거나 흐릿한 나뭇잎은 위축되거나 불안한 상태를 암시할 수 있습니다.

2. 바람의 표현 방식

- 부드럽고 유연한 선은 편안함과 안정감을 나타냅니다.
- 거칠고 불규칙한 선은 긴장감이나 혼란을 반영할 가능성이 있습니다.

3. 배경의 요소들

- 배경에 꽃, 나무 등이 풍부하게 표현되면 창의적이고 긍정적인 상태를 의미합니다.
- 배경이 단조롭거나 비어 있다면 현실 회피나 정서적 공허감을 나타낼 수 있습니다.

4. 색감의 조화

- 밝고 조화로운 색상은 행복감과 안정감을 반영합니다.
- 어두운 색상이 많으면 스트레스나 부정적 감정을 표현할 수 있습니다.

✳ 이렇게 질문해보세요

"이 그림 속 나뭇잎은 어디로 가고 싶어 할까?"

"바람이 나뭇잎에게 속삭이는 이야기가 있다면 뭐라고 말하고 있을까?"

"나뭇잎이 바람과 함께 춤추는 모습을 상상하면 어떤 기분이 들어?"

"이 그림에 더 추가하고 싶은 게 있다면 뭘 그리고 싶어?"

♛ 부모님을 위한 팁

- "네가 그린 나뭇잎과 바람이 정말 멋지네! 바람이랑 나뭇잎이 친구처럼 보이는 것 같아!" 같은 칭찬으로 아이가 자신감을 가질 수 있도록 해주세요.
- 아이와 그림 속 나뭇잎과 바람을 주제로 이야기를 나누며 자연과 함께하는 순간의 소중함을 알려주세요. "이 바람처럼 우리도 주변과 연결되어 살아가는 거야." 같은 메시지를 통

해 관계와 연결의 중요성을 자연스럽게 전달할 수 있습니다.

※ 그림으로 모든 걸 판단할 수 없습니다. 그림은 도구일 뿐, 아이와 대화하는 것이 더 중요합니다.

#3. 내 안의 작은 화가

▨ 읽기 전에 함께 그려볼까요?
여러분의 **<꿈, 취미, 또는 하고 싶은 일>**을 상상하며 자유롭게 그려보세요.
아무것도 떠오르지 않는다면 가장 좋아하는 것을 그림으로 표현해도 좋아요.

"꿈은 자신을 표현하는 가장 순수한 형태다."

이 말을 처음 들었을 때는 그저 멋진 문구라고만 생각했다. 하지만 부모가 되고 나서야 이 문장이 얼마나 깊은 뜻을 담고 있는지 깨달았다. 아이들에게 "넌 커서 뭐가 되고 싶니?"라고 묻는 건 자연스러운 일이다. 부모로서, 어른으로서 우리는 아이의 마음속에 어떤 꿈이 있는지 궁금해한다. 나 역시 딸에게 몇 번이나 물어본 적이 있다.

"우리 딸은 커서 뭐가 되고 싶어?"

"글쎄요, 잘 모르겠어요."

안나의 대답은 항상 비슷했다. 때로는 너무나 덤덤했고 또 어떤 날은 약간 방어적으로 들리기도 했다. 안나는 평소에 자기 표현을 잘하는 밝은 아이였다. 하지만 꿈 얘기가 나올 때면 어딘가 망설이는 듯 보였다.

 꿈에 대해 이야기하는 게 부담스러운 걸까. 딸이 "모르겠다."라고 할 때마다 내가 너무 이른 질문을 던진 건 아닐까 싶어 괜히 자책하곤 했다. 아이는 아직 세상을 충분히 경험하지 못했고 모든 가능성이 열려 있는 상태다. 그 나이에 꿈을 모른다고 해서 잘못된 일도 아니었다.

 그러던 어느 날, 딸아이가 거실 식탁에 앉아 크레파스로 뭔가를 그리고 있었다. 내가 먼저 그림을 그리자며 다가간 것도 아니었다. 아이가 스스로 그림을 그리기 시작한 날이었다. 특별히 시키지도 않았는데 혼자서 집중하는 모습이 흥미로웠다. 오늘따라 그림을 그리는 안나의 표정이 평소보다 더 진지해 보였다.
"뭐 그리는 거야?"
 안나는 여전히 스케치북에 시선을 둔 채로 말했다.
"몰라요. 그냥 그리고 싶어서요."
 그림 속에는 하얀 스케치북 앞에 선 한 소녀가 그려져 있었다.

붓과 알록달록한 물감통을 손에 들고 있었다. 나는 그림을 자세히 들여다보다가 물었다.

"이건 누구야?"

"저예요."

"그림 그리는 게 좋아?"

안나는 고개를 끄덕이며 대답했다.

"아빠, 저 화가가 될 거예요!"

그동안 "모르겠어요."라고만 말하던 아이가 이렇게 확신에 찬 목소리로 대답하다니. 나는 그림 속에 담긴 안나의 마음을 더 깊이 이해하고 싶었다. 그림 속 소녀는 커다란 스케치북 앞에서 있었고 파란색, 연두색, 노란색이 조화를 이루며 밝은 에너지를 전하고 있었다.

"화가? 왜 화가가 되고 싶어?"

예상외로 안나의 대답에는 망설임이 없었다.

"그림 그릴 때 제일 재밌어요. 제가 하고 싶은 걸 다 할 수 있는 것 같아서요."

"그렇구나. 근데 화가가 되려면 어떻게 해야 할까?"

아이는 잠시 고민하다가 대답했다.

"그림을 많이 그려야 돼요?"

"그렇지. 네가 그리고 싶은 걸 마음껏 그릴 수 있어야 해. 그리고 꿈이라는 건 말이야."

나는 조심스레 말을 이어갔다.

"한 번에 완성되는 게 아니야. 스케치북을 채우듯이 하나씩 천천히 그려나가는 거지."

안나는 내 말을 듣고 웃으며 말했다.

"그럼 나도 앞으로 더 많이 그려야겠네요!"

딸의 그림을 보며 나는 다짐했다. 이 작은 화가가 자신만의 그림을 완성할 수 있도록 언제든 곁에서 물감을 건네 줄 준비를 해야겠다고.

"꿈은 자신을 표현하는 가장 순수한 형태다."

딸의 그림은 아직 삐뚤빼뚤하고 서툴지만, 그 속에 담긴 이야기는 꽤 당당하고 선명했다.

🎨 내 안의 작은 화가 (가이드북)

⭐ 꿈과 취미를 그림으로 표현하기, 어떻게 시작할까요?

아이가 좋아하는 것, 하고 싶은 일을 자유롭게 표현할 수 있도록 격려해주세요.

"네가 제일 좋아하는 걸 그림으로 그려볼래?" 또는 "미래에 하고 싶은 일을 상상하며 그려볼까?"와 같은 질문으로 흥미를 유도해주세요.

💗 그림 속에 숨겨진 이야기

1. 인물의 크기와 위치

- 인물이 크고 중심에 있다면 아이가 자신감 있고 긍정적인 상태를 나타냅니다.
- 작거나 구석에 있다면 소외감이나 위축된 심리를 암시합니다.

2. 행동과 상호작용

• 인물이 붓을 들고 있거나 활동 중이라면 창의적이고 활발한 상태를 반영합니다.

• 주변 요소들과 상호작용이 부족하면 고립감을 나타낼 수 있습니다.

3. 배경과 구성

• 배경이 풍부하고 조화로우면 안정감과 창의적 사고를 나타냅니다.

• 배경이 비어 있거나 단조롭다면 스트레스나 현실 도피를 암시합니다.

4. 선의 표현

• 선이 부드럽고 자연스럽다면 정서적으로 안정적임을 나타냅니다.

- 선이 거칠거나 불규칙적이라면 긴장감이나 스트레스를 반영합니다.

✳ 이렇게 질문해보세요

"이 그림 속 사람은 누구일까?"

"이 그림 속 사람은 어떤 기분을 느끼고 있을까?"

"여기에 더 그리고 싶은 건 뭐가 있어?"

♛ 부모님을 위한 팁

- "네가 그린 이 모습이 정말 멋져 보이네! 앞으로 더 하고 싶은 건 뭐야?" 같은 긍정적이고 열린 질문으로 아이를 격려해 주세요.
- 아이와 그림 속 꿈에 대해 이야기하며 꿈을 향해 나아가는 과정이 얼마나 멋진 여정인지 함께 상상해보세요.

※ 그림으로 모든 걸 판단할 수 없습니다. 그림은 도구일 뿐, 아이와 대화하는 것이 더 중요합니다.

《봄》크레파스 선에 피어난 꽃

#4. 아빠, 나 불안해

▨ 읽기 전에 함께 그려볼까요?
불안을 느낄 때, 우리의 마음속 풍경은 어떤 모습일까요?
<불안과 걱정을 마주할 때의 모습>을 상상해보세요.

"아빠, 나 배가 너무 아파요."

유치원 등원 준비를 하던 안나가 갑자기 양치질하던 칫솔을 내려놓았다. 베란다 창문 밖으로 안나의 친구들이 유치원으로 향하는 모습이 보였다. 나는 시계를 확인하며 서둘러 말했다.

"어디가 아프니? 많이 아파?"

아이의 이마를 만져보았지만 열도 없고 땀도 나지 않았다. 하지만 안나의 눈길은 바닥만 바라보고 있었다.

"배가 아파서 유치원에 가기 싫어요…"

안나는 소파 구석에 몸을 웅크렸다. 그때 주방에서 점심 도시락을 준비하던 아내가 다가왔다.

"요즘 감기가 유행이라던데, 우리 옷 입고 병원에 한번 가보자."

안나는 벽 쪽으로 몸을 홱 돌렸다.

"싫어요! 병원 안 갈래요!"

안나의 눈가에 눈물이 고였다. 나는 당황스러워 아내를 바라보았고 아내는 걱정스러운 얼굴로 딸에게 다가갔다.

"안나야, 병원에 가면 선생님이 너를 더 빨리 낫게 해주실 거야. 조금만 용기 내서 다녀오자, 응?"

하지만 안나는 팔을 휘저으며 강하게 거부했다.

"아니에요! 병원 가면 더 아플 거예요! 주사 맞을까 봐 무서워요…"

아이의 고집에 나와 아내는 서로 난감한 눈빛을 주고받았다. 나는 조심스럽게 안나의 옆에 앉으며 말했다.

"병원 안 가고 싶은 마음 이해해. 그러면 아빠랑 약속 하나만 하자. 아빠가 여기서 너랑 이야기를 좀 나누고 정말 필요하다고 생각되면 그때 다시 결정해도 될까?"

안나는 잠시 고민하더니 다시 침대로 돌아가 누웠다.

"응…. 알겠어요. 근데 지금은 병원 안 가고 싶어요."

나는 유치원에 전화를 걸어 상황을 설명했다. 전화를 통해 선생님과 이야기를 나누는 동안 안나의 최근 유치원 생활에 대한 이야기를 들을 수 있었다.

"요즘 안나가 점토로 만드는 활동을 어려워하는 것 같았어요. 오늘도 비슷한 활동이 예정되어 있어서 조금 긴장했을 수도 있을 것 같아요."

선생님의 말씀대로 정말 불안이라는 감정이 신체화 증상으로 나타난 걸까. 문득 어린 시절 내 모습이 떠올랐다.

초등학교 2학년 때, 국어 시간에 발표를 앞두고 교실 구석에 앉아 있던 그때의 나. 선생님이 "다음은 누구 차례지?"라고 할 때마다 내 이름을 부를 것 같아 심장이 쿵쾅거렸다. "발표 잘해야 돼, 틀리면 안 돼."라는 부담감이 머릿속을 채울수록 목소리는 더 나오지 않았다. 친구들의 시선이 내 등 뒤로 바늘처럼 따갑게 꽂히는 것 같았다.

그때 내가 느꼈던 불안과 압박감이 안나에게도 똑같이 찾아온 것은 아닐까. 딸이 불안해 하는 모습과 그날의 내 모습이 겹쳐 보였다. 나는 안나 옆에 다가가 손을 잡으며 말했다.

"안나야, 혹시 점토로 만드는 게 많이 어려웠니?"

안나는 잠시 머뭇거리더니 보일 듯 말 듯 고개를 끄덕였다.

"친구들은 다 잘하는데… 나는 잘 못 만들어요. 선생님이 보면 실망할까 봐 걱정돼요."

딸의 목소리에서 불안감이 느껴졌다. 나는 안나의 손을 잡으며 말했다.

"잘하려고 하지 않아도 돼. 그냥 네 마음 가는 대로 해도 돼. 네가 만드는 게 어떤 모양이든 너는 충분히 멋져."

우리는 주방 식탁에 앉아 점토 대신 다양한 색깔의 종이를 꺼냈다.

"자, 우리 같이 뭘 만들어 볼까?"

안나는 한참을 망설이다 종이를 접기 시작했다. 딸은 서툴게 종이를 접어 나비를 만들었다. 나는 안나가 만든 나비를 보며 활짝 웃었다.

"이 나비 정말 예쁘다! 여기다가 눈을 그려볼까?"

안나가 울상이었던 표정을 풀고 살짝 미소를 지었다.

"이건 내 나비야. 세상에 하나밖에 없는 나비."

　우리는 종이로 더 많은 것들을 만들기 시작했다. 안나는 강아지, 고양이, 그리고 소라를 만들며 점점 자신감을 되찾았다.
　"아빠, 이 강아지가 우리 집을 지킬 거예요. 그리고 고양이는 나비랑 친구예요!"
　"와, 정말 멋진데! 동물들이 서로 사이가 좋아 보이는걸?"

　밤이 되자 우리는 이불을 깔고 누웠다. 안나는 엄마와 아빠 사이에 누워 이불을 덮으며 말했다.
　"엄마, 아빠, 나 가끔은 못할 것 같아서 걱정돼요. 근데 내가 잘 못해도 괜찮을까요?"

아내와 나는 안나의 손을 꼭 잡으며 말했다.

"안나야, 누구나 그런 불안을 느껴. 하지만 중요한 건 잘하려는 것보다는 즐겁게, 나답게 하면 돼. 그걸로 충분해."

안나는 고개를 끄덕이며 내 어깨에 머리를 기댔다. 이내 아이의 숨소리가 점점 평온해지며 방 안은 고요해졌다. 역설적이게도 불안이라는 감정은 우리가 서로를 위로하고 이해하도록 이끌었다. 우리는 그렇게 침대에 누워 한참을 이야기하다 잠이 들었다.

그리고 그때, 안나의 작은 손은 내 손을 꼭 잡고 있었다.

🎨 불안한 마음을 들여다보는 하루 (가이드북)

⭐ **불안한 마음이 드는 순간을 표현하기, 어떻게 시작할까요?**

　　종이와 색연필을 준비하고 "오늘 하루를 그림으로 그려볼까?", "최근 가장 불안하고 무서웠던 순간은 언제였어?"와 같은 부드러운 질문으로 아이의 마음을 열어주세요.

💛 그림 속에 숨겨진 이야기

1. 색상
- 차가운 색조는 긴장감을, 따뜻한 색조는 안정감을 반영할 수 있습니다.

2. 모양과 구성
- 선이 뾰족하거나 복잡하면 긴장과 혼란을, 부드럽고 간결한 형태는 안정을 나타낼 수 있습니다.

《봄》크레파스 선에 피어난 꽃

3. 공간 활용
• 공간이 꽉 찼다면 현재 상황에 대한 부담감을, 여백이 많다면 여유로움을 표현할 수 있습니다.

❋ 이렇게 질문해보세요
"지금 떠오르는 색은 어떤 색이야?"
"어떤 장면에서 가장 마음이 편안할까?"
"네가 좋아하는 장소를 그림으로 그려볼래?"

♛ 부모님을 위한 팁
• "너의 하루가 이런 모습으로 느껴졌구나. 정말 특별한 표현이야!"처럼 아이의 그림을 존중하고 격려해주세요.
• 함께 그림을 보며 "여기에서 네가 제일 좋아하는 부분은 어디야?"라고 물으며 긍정적인 감정에 집중할 수 있도록 도와주세요.

- "엄마, 아빠가 항상 너의 곁에 있다는 걸 잊지 마."라고 얘기하며 아이에게 언제든 돌아갈 수 있는 울타리가 있다는 것을 알려주세요.

※ 그림으로 모든 걸 판단할 수 없습니다. 그림은 도구일 뿐, 아이와 대화하는 것이 더 중요합니다.

#5. 마지막 인사

📖 읽기 전에 함께 그려볼까요?
우리는 만남과 이별을 반복하며 살아갑니다.
아이와 함께 기르는 **<반려동물(생물)>**이 있다면 그림으로 표현해보세요.
만남과 이별의 감정을 그린 그림 속에는 어떤 메시지가 담겨 있을까요?

거실에 놓인 유리 어항은 몇 달째 비어 있었다.

처음엔 금붕어가 살던 곳이었지만 금붕어가 떠난 후 어항은 텅 빈 채 방치됐다. 어항 안에는 먼지가 쌓였고 옆에는 여전히 물고기 먹이가 놓여 있었다. 그 어항을 볼 때마다 금붕어가 떠난 날 안나의 상심한 표정이 떠올랐다.

"아빠, 이번에는 정말 잘 키우고 싶어요. 다시는 아프지 않게요."

안나는 얼마 전부터 새로운 반려동물을 키우고 싶어 했다. 처음엔 금붕어와의 이별이 생각나 망설였다. 하지만 아이의 진심 어린 눈빛에 아내와 난 결국 고개를 끄덕이고 말았다.

우리는 수족관으로 향했다. 입구에 들어서자 매대 한쪽에 있는 소라게들이 눈에 띄었다. 소라게는 각자 다른 껍데기를 등에 지고 느릿하게 움직이고 있었다. 안나는 유리벽에 얼굴을 바짝 가져다 대며 말했다.

"아빠, 이 친구들 봐요. 자기 집을 등에 메고 다녀요. 정말 멋져요."

우리는 그중 가장 활발히 움직이는 소라게 한 마리를 골랐다. 껍데기에 멋진 무늬가 새겨져 있어 유난히 특별해 보였다. 안나는 집으로 돌아오는 길 내내 소라게의 이름을 고민했다.

"음… 얘 이름은 '콩이'가 어때요? 콩이는 콩처럼 작고 귀여운 이름이에요."

아내와 나는 고개를 끄덕이며 웃었다.

"콩이라니, 정말 잘 어울리는 이름이네. 이제 콩이는 우리 가족이야."

콩이가 우리 집에 오고 나서부터 안나는 매일 아침 어항 앞에서 하루를 시작했다.

"엄마! 아빠! 콩이가 오늘은 이쪽에서 자고 있어요. 어젯밤에는 저쪽에 있었는데요."

어느 날은 어항을 꾸미겠다고 조약돌과 장식물을 여기저기 옮기며 새롭게 배치했다.

"콩이가 여기 올라가서 쉬면 좋겠죠?"

어항 속을 정성껏 꾸미는 딸의 모습이 참 사랑스러웠다.

"아빠, 콩이랑 바다에서 노는 모습을 그릴래요. 아마 모래 위에서 놀고 있을 거예요."

안나는 푸른 바다와 모래사장에서 놀고 있는 콩이의 모습을 그렸다.

"콩이는 바다에서 친구들과 놀다가 저녁이면 우리 집으로 돌아오는 거예요. 우리랑 같이 있고 싶어서요."

우리는 콩이와 함께한 모든 순간을 소중히 여겼다. 손가락으로 어항을 가볍게 두드리며 콩이의 움직임을 관찰하던 시간들은 어느새 일상이 되었다.

"콩아, 오늘도 잘 자. 내 꿈속에 놀러 와."

그런데 어느 날부터 콩이의 움직임이 둔해졌다. 안나는 어항 앞에 앉아 한참을 들여다보며 물었다.

"아빠, 콩이가 왜 이렇게 가만히 있을까? 어디가 아픈 걸까요…?"

콩이의 활동량은 확실히 줄어들고 있었다. 안나는 걱정스러운 표정으로 어항을 들여다보았다. 우리는 콩이를 위해 온도와 습도를 조정하고 더 좋은 먹이를 찾아보려 애썼다.

"콩아, 미안해. 내가 더 잘 돌봤어야 했나 봐…."

아이는 콩이의 움직임이 점점 느려질수록 자신을 자책하는 듯했다. 그러던 어느 날 아침, 콩이는 더 이상 움직이지 않았다.

안나는 어항을 바라보며 한참 동안 아무 말도 하지 않았다. 나는 조심스럽게 안나의 어깨를 감싸며 말했다.

"안나야, 콩이가… 이제 우리를 떠난 것 같아."

안나는 고개를 떨군 채 떨리는 목소리로 물었다.

"나 때문에 그런 거예요? 내가 잘 못해서 그런 거예요?"

나는 아이를 안아주며 말했다.

"아니야, 안나야. 네가 얼마나 콩이를 사랑했는지 콩이는 알 거야. 콩이는 너와 함께했던 시간이 정말 행복했을 거야."

안나는 눈물을 참으려 했지만 결국 흐느껴 울기 시작했다.

"그럼… 왜 떠나야 하는 거예요?"

나는 한참을 망설이다 대답했다.

"모든 생명은 언젠가 이별을 맞아야 해. 하지만 우리가 함께한 추억은 절대 사라지지 않아. 콩이는 항상 네 마음속에서 살아 있을 거야."

우리는 작은 상자를 준비했다. 안나는 상자 안에 자신이 그린 그림과 작은 조약돌을 넣으며 말했다.

"콩아, 네가 제일 좋아하던 돌멩이야. 하늘에서는 항상 행복해야 해."

그날 우리는 뒷산으로 갔다. 커다란 나무 아래 작은 자리를 마련하고 콩이를 묻었다. 안나는 손으로 흙을 덮으며 마지막으로 속삭였다.

"콩아, 우리 집에 와줘서 고마워. 내가 널 잊지 않을게. 항상 기억할 거야."

안나는 한참을 그 자리에 서 있었다. 바람이 불어 아이의 머리카락을 흩날리며 지나갔다.

며칠 후 안나는 콩이와의 시간을 기억하기 위해 다시 그림을 그렸다. 아이가 할 수 있는 최대의 애도는 그림 그리기일 것이다. 그 그림 속 콩이는 더 이상 작고 약해 보이지 않았다. 안나는 그림에 대고 속삭이듯 말했다.

"콩아, 행복하게 지내고 있어. 내가 너랑 함께했던 모든 시간을 기억할게."

안나는 침대 옆 탁자에 그림을 올려두며 눈물을 닦았다.

"아빠, 콩이는 이제 자유롭게 살고 있겠죠?"

나는 무릎을 굽혀 안나를 꼭 안았다.

"그럼, 콩이는 네가 만들어준 모든 행복을 가지고 아주 멋진 곳에 있을 거야."

"그럼 콩이가 보고 싶을 때 이 그림을 보면 되겠죠?"

나는 고개를 끄덕이며 안나의 머리를 쓰다듬었다.

"그래, 이 그림 속에 콩이와의 모든 추억이 담겨 있어. 네가 콩이를 기억하는 한 콩이는 언제나 네 곁에 있을 거야."

창밖에는 콩이와 닮은 작은 별 하나가 반짝이고 있었다. 안나와 나는 그 별을 보며 마음속으로 인사했다.

"안녕, 콩아. 고맙고, 사랑했어."

우리 집에 온 반려동물(생물)의 이야기 (가이드북)

★ 반려동물(생물)을 키우는 기쁨을 그림으로 표현하기, 어떻게 시작할까요?

종이와 크레파스를 준비해 아이와 함께 반려동물(생물)의 일상을 상상하며 그림으로 그려보세요. "어떤 이름을 가지고 있을까?" 또는 "첫 만남의 느낌은 어떨까?" 같은 질문으로 상상력을 자극해보세요.

💗 그림 속에 숨겨진 이야기

1. 색상

- 밝은색은 행복과 설렘을, 어두운색은 슬픔과 이별의 감정을 나타낼 수 있습니다.

2. 배경

- 풍경이 바다나 밝은 공간이라면 행복한 시간을 반영합니다.
- 배경이 텅 비었거나 어두운색이라면 이별이나 슬픔을 표현

할 가능성이 있습니다.

3. 반려동물(생물)의 크기와 자세

- 반려동물(생물)을 크게 그렸다면 아이가 그 반려동물(생물)을 얼마나 소중히 여기는지 알 수 있습니다.
- 반려동물(생물)을 구석에 작게 그렸다면 아이가 이별이나 슬픔에 대해 더 깊이 느끼고 있을 수 있습니다.

✱ 이렇게 질문해보세요

"○○이가 좋아하는 집은 어떤 모양일까?"

"○○이가 하루 동안 가장 좋아하는 시간은 언제일까?"

"○○이가 자연으로 돌아간다면 어떤 모험을 하게 될까?"

"○○이가 기뻐하거나 슬플 때는 어떤 모습을 할 것 같아?"

부모님을 위한 팁

- "이름이 정말 귀엽네! 너는 정말 상상력이 뛰어나구나." 같은 긍정적인 피드백으로 아이의 표현을 격려해주세요.
- 그림을 함께 보며 "여기 소라게는 무슨 생각을 하고 있을까?" 같은 질문을 통해 아이가 감정을 자연스럽게 이야기하도록 유도해보세요.

※ 그림으로 모든 걸 판단할 수 없습니다. 그림은 도구일 뿐, 아이와 대화하는 것이 더 중요합니다.

《봄》크레파스 선에 피어난 꽃

《여름》
바다 위에 그린 우리의 꿈

#6. 빗속의 아이

▨ 읽기 전에 함께 그려볼까요?
비 오는 날의 풍경을 그려보세요.
<우산을 쓴 모습이나 빗속에서 느낀 감정>을 색과 선으로 표현해보세요.

밤이 깊었다.

스탠드 불빛이 방 안을 희미하게 밝혔다. 책상 위에는 이번 주까지 끝내야 할 대학원 과제들이 쌓여있고 머릿속은 당장 해야 할 일들로 가득 찼다. 내 시선은 창밖의 어둠과 책상 위에 놓인 펜 사이를 맴돌았다. '조금만 더 버티자'라며 스스로 다독이고 있을 때, 방문이 살며시 열렸다.

"아빠, 아빠, 이거 봐봐!"

안나가 스케치북을 들고 들어왔다. 안나의 손에서 스케치북이 살짝 흔들리는 게 보였다. 하지만 나는 그때 딸의 눈을 제대로 보지 못했다.

"지금은 바빠서 나중에 보자. 이제 화상 수업 시작하거든."

고개를 숙인 채 과제를 마저 적으며 대답했다. 그때 설거지를 하던 아내가 허겁지겁 달려왔다.

"아빠 공부하는 데 방해되게 왜 그래. 빨리 나가자."

아내와 딸은 조용히 방문을 닫고 나갔다. '철컥'하며 문이 닫히는 소리가 났고 그 소리가 묘하게 오래 남았다. 나는 잠시 고개를 들었지만 이내 책상으로 시선을 돌렸다. 아빠가 박사학위를 받으면 우리 아이에게도 좋은 일이 되지 않을까? 그런 막연한 생각을 하며 발표할 과제를 다시 한번 살폈다.

아침 출근 준비는 항상 그렇듯 분주했다. 잠은 늘 부족했고 알람 소리는 짜증이 날 정도로 시끄럽게 느껴졌다. 믹스커피를 뜯어 털어 붓고 덜 구워진 토스트를 입에 물었다. 가방은 대충 한쪽 어깨에 걸쳤고 허둥지둥 구두를 신다가 끈이 엉켜 다시 고개를 숙였다. 다시 고개를 들어 올리는데 식탁 위에 놓인 스케치북이 눈에 들어왔다. 전날 밤 딸이 내밀었던 바로 그 스케치북이었다.

그림 속 아이는 우비를 입고 있었다. 우산은 손에 들고 있을 뿐 쓰고 있지는 않았다. 비는 가늘고 길게 내리며 그림 전체를 뒤덮었고 땅 위 여기저기에 웅덩이가 가득했다. 아이는 웅덩이에 발을 담근 채 서 있었다.

나는 그림을 더 자세히 들여다보았다. 왜 우산을 쓰고 있지 않을까. 빗속의 아이는 외로워 보였다. 왠지 모르게 불편한 마음이 들어 퇴근 후 곧바로 딸에게 물었다.

"여기 비 맞고 있는 아이는 누구야?"

딸은 숟가락을 만지작거리다 대답했다.

"그냥… 나야. 근데 우산은 안 썼어."

"왜 우산을 안 썼어? 비가 이렇게 많이 오는데."

안나는 잠시 망설이더니 어제 유치원에서 있었던 일을 이야기하기 시작했다.

"친구가 내 우산을 가져갔어. 그래서 그냥 비 맞고 엄마 있는 곳까지 뛰었어. 근데 발에 물이 다 튀었어. 그래서 눈물이 조금 나왔어…"

그 말을 듣는 순간 그림 속의 웅덩이가 다르게 보였다. 그것은 어쩌면 아이가 느낀 무력함과 외로움의 표현이 아니었을까.

"괜찮아. 아빠도 맨날 괜찮다고 하잖아. 나도 그냥… 괜찮아."

마음이 아팠다. 딸은 자신이 느낀 어려움과 외로움을 감추고 있었다. 빗속의 웅덩이는 그동안 내가 알아채지 못했던 딸의 마음속 감정이었다.

"아빠가 우리 딸 옆에서 우산 펴줄게. 빗속에서 혼자 서 있지 않도록 해줄게."

안나는 아빠를 안심시키려는 듯 환하게 웃었다.

"근데 아빠, 비 맞는 것도 나쁘진 않았어. 조금 차갑고, 무서웠지만… 괜찮았어."

 그 말을 들으며 나는 딸이 얼마나 강한 아이인지 알게 되었다. 그러나 동시에 그 강함이 아이 스스로 감내해야 했던 외로움에서 왔다는 사실에 마음이 아팠다. 나는 그동안 내가 달려온 길이 가족에게 어떤 장면으로 남았을지, 그 길의 끝에 무엇이 있을지를 깊이 생각하지 못했다.

 가족과의 시간을 희생하면서 쌓은 성취는 결국 그 무게를 견디지 못하고 무너진다.
 그 자리에는 씁쓸함과 후회만 남을 뿐이다.

 누군가 성취를 위해서는 희생이 뒤따른다고 말했다. 성취를 위해서는 학업과 직업, 그리고 가정을 동일선상에 놓아야 한다면서 말이다. 그 말을 들으며 나는 무심코 이 문장을 적었다. 마치 오래전부터 내 안에 자리 잡고 있던 문장인 듯 깊이 생각할 겨를도 없었다. 내가 걸어온 길은 선택의 갈림길이라 부를 만한 순간들과는 거리가 멀었다. 문과와 이과 사이에서의 고민도, 유학을 떠날지 말지에 대한 망설임도, 지방에서 서울 상경을 위한 여정도 내 삶에는 없었다. 내 고민은 언제나 하나였다. 가족을 이루고 그 안에서 아내와 아이를 사랑하는 것. 그것이 나의 전부였다.

나는 학문과 직업이 자연스레 동일선상에 놓인 환경에서 살아가는 그들과는 다른 삶의 궤적 위에 서 있었다. 이십 대의 나, 삶의 방향을 잃고 헤매던 시절에도 붙들고 있던 단 하나의 목표는 가족이었다. 무엇을 위해 살아야 할지 몰라 방황하던 시간 속에서도, 내게 분명했던 건 가족과 함께하는 삶이 내가 가야 할 길이라는 믿음이 있었다. 굽이굽이 돌아가는 길이었지만 그것이 나를 단단하게 만들어준 이유이기도 했다.

그렇게 나는 7년을 붙잡고 있던 학업을 내려놓았다. 타자를 연구하는 논문 대신에 딸과 함께 이 책을 써나가기로 다짐했다. 안나는 아빠와 함께 책을 만든다는 생각에 웃음이 떠나질 않았다.

나는 이제 딸의 손을 잡고 빗속으로 걸어 나갈 것이다. 아이가 웅덩이를 건널 때, 우린 함께 빗속에서 서 있을 것이다. 우리 아이가 더 이상 아빠의 등을 보고 자라는 일이 없도록 말이다.

빗속의 아이 (가이드북)

★ 빗속의 아이 그림, 어떻게 시작할까요?

종이와 크레파스, 물감 등을 준비하고 아이가 자유롭게 비 오는 날을 표현할 수 있는 환경을 만들어주세요. "비 오는 날 넌 어떤 기분이었어?" 또는 "비 오는 날의 풍경을 그림으로 그려볼까?" 같은 질문으로 대화를 시작해보세요.

♥ 그림이 말해주는 마음의 소리

1. 우산

- 위로 곧게 펼쳐진 우산은 안정적 대처, 뒤로 젖혀진 우산은 방어기제가 약하거나 과거에 대한 미련과 후회가 내재되어 있을 수 있습니다. 앞을 가린 우산은 강한 경계심은 나타냅니다.
- 지나치게 큰 우산은 과도한 방어, 기울어진 우산은 불안정한 대처, 부서진 우산은 무력감을 반영할 수 있습니다.
- 쓰지 않은 우산은 보호받지 못하거나 해결되지 않은 불안을 나타낼 수 있습니다.

2. 웅덩이와 배경

- 웅덩이는 아이가 느끼는 문제나 어려움을 상징하며 배경이 비어 있다면 외로움을 반영할 수 있습니다.

3. 색깔

- 어두운 색은 스트레스와 불안, 밝은 색은 안정감을 나타냅니다.

4. 비의 강도

- 비가 세게 내릴수록 아이가 느끼는 심리적 압박감이 클 수 있습니다.

✸ 이렇게 질문해보세요

"여기 그린 아이는 누구일까?"

"비는 얼마나 내리고 있어? 많이 내리고 있어?"

"이 그림에서 바꾸고 싶은 게 있다면 뭐야?"

👑 부모님을 위한 팁

- 아이의 감정을 논리적으로 분석하지 말고, "너도 힘들었겠구나"라고 공감해주세요.
- 아이와 함께 웅덩이를 건너며 마음속 빗속에서도 우산이 되어주세요.

※ 그림으로 모든 걸 판단할 수 없습니다. 그림은 도구일 뿐, 아이와 대화하는 것이 더 중요합니다.

#7. 당신의 인생은 어떤 색입니까?

▨ 읽기 전에 함께 그려볼까요?
여러분의 하루를 색으로 표현한다면 어떤 색일까요?
그 색깔과 함께 **<하루를 대표하는 물건이나 풍경>**을 그림으로 그려보세요.

세상은 내게 언제나 같은 색이었다.

회색빛 도로 위 답답한 러쉬아워Rush Hour가 이어지고 쌓여가는 업무는 잠시도 쉴 틈을 주지 않았다. 이메일 알림은 새로운 할 일을 쏟아내며 나를 압박했다. 주차장에 내려서는 순간부터 건물 안의 차가운 조명까지, 어디에서도 따뜻함이나 생기를 느낄 수 없었다. 퇴근길에 마주치는 붉은 신호등은 지친 하루를 확인시켜주는 빨간 경고등 같았다.

어린 시절 나는 상상력이 풍부한 아이였다. 벽에 비치는 그림자와 모험을 떠나는 상상을 하며 낡은 자전거 하나로 세상을 누비는 꿈을 꾸곤 했다. 공원의 나무를 거대한 숲으로 상상하고 그 속에서 길을 잃은 탐험가가 되기도 했다. 하지만 어른이 된

이후 세상은 더 이상 모험이 아니었다. 산다는 것은 단조롭고 반복적인 여정이면서도 언제든 벼랑 끝으로 내몰릴 수 있는 생존의 길이었다. 한때 내 안에서 빛나던 색들은 시간이 흐르며 점점 바래져 마침내 무채색이 되어버렸다.

 오늘도 예외는 아니었다. 피곤한 눈으로 거리의 불빛을 흐릿하게 바라보았다. 그런 내가 놀이공원으로 향하고 있다는 사실이 어딘가 어색하게 느껴졌다.
 "아빠! 빨리 가요! 저 입구만 지나면 놀이공원이에요!"
 안나가 내 손을 잡아끌었다. 우리 아이에게는 이 하루가 얼마나 찬란할까? 아이의 눈엔 놀이공원이 어떤 모습으로 비칠까?
 놀이공원은 마치 세상의 모든 색을 다 모아놓은 듯 화려했다. 그러나 내겐 낯선 광경이었다. 알록달록한 놀이기구들도 비현실적으로 보였다.
 "저건 하늘을 나는 용 같아요! 구름을 뚫고 날아가잖아요!"
 안나는 하늘로 치솟는 롤러코스터를 가리키며 말했다. 나는 고개를 들어 그 장면을 바라봤다. 내 눈에 놀이기구는 쇠와 나무로 만들어진 기계에 불과했다. 그러나 딸에게 놀이공원은 용이 하늘을 날고 별빛이 쏟아지는 세계였다. 나와 아이가 바라보는 세상은 이렇게나 달랐다. 나는 저 커다란 기계의 작동 원리를 떠올렸지만 안나는 그것이 날아오를 때의 바람 소리와 그 높이에서 보일 풍경을 상상하고 있었다.

어렸을 때 나도 내 아이 같은 모습이었겠지. 나도 저렇게 반짝이는 눈으로 세상을 바라보았던 적이 있지 않았을까. '상상력'이 '비현실적'이라는 논리에 가려진 것은 언제부터였을까.

"이거 타요! 꼭대기에서 하늘이 정말 가까울 거 같아요. 어쩌면 구름이 만져질 수도 있어요."

기계가 서서히 움직이며 레일을 따라 올라갈 때 내 심장이 뛰기 시작했다. 기분이 이상했다. 높이에 대한 두려움은 아니었다. 오랜 시간 잊고 지냈던 설렘과 긴장감, 그리고 새로운 경험에 대한 기대감이 분명했다. 그때 아이가 두 팔을 높이 들며 외쳤다.

"아빠! 하늘이 너무 가까워요! 저기 구름도 있어요!"

나도 아이가 바라보는 하늘을 보았다. 여전히 같은 푸른색의 하늘이었지만 아이의 손을 꼭 잡고 함께 느낀 바람은 그동안 잊고 지냈던 어린 시절의 감각을 떠올리게 했다.

집에 돌아오자마자 안나는 지치지도 않고 크레파스를 꺼냈다. 노랑은 회전목마였고, 빨강은 롤러코스터, 파랑은 하늘과 바람이었다.

어른이 되면서 상상력은 비논리적이라고 여겼다. 현실 세계에서는 상상력이 필요 없다고 믿으면서 말이다. 그러나 아이의 그림을 보며 깨달았다. 상상력은 현실로부터의 도피가 아니라 현실을 더 깊이 이해하고 살아가는 힘이라는 것을.

자녀를 키운다는 것은 미래를 준비하는 일만은 아니었다. 아이들은 우리의 현재를 이끌어가며 미래를 밝혀줄 뿐 아니라 우리가 잊고 있던 과거의 감정을 되살려준다. 나는 아이를 통해 내 안에 아직 숨 쉬고 있는 작은 아이를 만날 수 있었다.

나는 믿는다. 회색빛으로 물든 세상 속에서도 우리는 언제든 찬란한 빛을 되찾을 수 있다는 걸 말이다.

지금, 당신의 인생은 어떤 색입니까? (가이드북)

★ 하루를 색으로 표현하기, 어떻게 시작할까요?

"오늘 가장 기뻤던 순간은 무슨 색일까?" 또는 "지금 떠오르는 색을 자유롭게 칠해볼래?" 같은 질문으로 흥미를 유도해 보세요.

♥ 그림 속에 숨겨진 이야기

1. 색깔의 선택

• 노랑- 희망과 창의성의 상징으로, 낙관적이고 에너지가 넘치는 상태를 나타냅니다.

• 빨강- 열정과 힘, 생명력을 상징하며 강렬한 감정을 불러일으킬 가능성이 있습니다.

• 파랑- 평화와 안정, 깊은 신뢰감을 나타내며 차분한 성격과 연결됩니다.

• 초록- 치유와 성장, 균형을 상징하며 자연과 조화로운 상태를 반영합니다.

- 보라- 상상력과 영감을 자극하며 신비로움과 영적인 깊이를 상징합니다.
- 검정- 권위와 깊이를 나타내며 동시에 고립과 내면의 심리를 상기시킬 수 있습니다.
- 회색- 중립성과 안정감을 상징하지만, 무기력과 권태를 나타낼 수 있습니다.

2. 그림의 구성

- 풍부한 요소와 다양한 색은 창의적이고 긍정적인 상태를 표현합니다.
- 단조로운 구성은 피로감이나 스트레스를 암시합니다.

3. 색의 배치와 조화

- 색이 조화를 이루면 안정감을, 충돌하면 혼란스러운 심리 상태를 나타낼 수 있습니다.

※ **이렇게 질문해보세요**

"이 색깔을 보면 기분이 어때?"

"여기 그림 속 물건은 뭐야? 하늘은 흐릴까? 화창할까?"

"이 그림에 더 넣고 싶은 색깔이나 물건이 있니?"

"이 색으로 다음엔 어떤 장면을 그려보고 싶어?"

♕ **부모님을 위한 팁**

- 아이의 색 선택과 그림에 대해 판단하지 않고 "이 색이 정말 예쁘네! 오늘 네 하루는 정말 특별했구나!" 같은 긍정적인 피드백을 전해주세요.

- 그림 속 색과 물건을 주제로 아이와 대화를 나누며 아이가 느낀 감정을 깊이 이해하고 함께 새로운 추억을 만들어보세요.

※ 그림으로 모든 걸 판단할 수 없습니다. 그림은 도구일 뿐, 아이와 대화하는 것이 더 중요합니다.

#8. 우리의 작은 시절

▨ 읽기 전에 함께 그려볼까요?
여러분의 어린 시절을 떠올리며
그때 **<가장 행복했던 순간>**을 그림으로 표현해보세요.
그때의 풍경, 친구들, 또는 특별한 장소를 떠올려보세요.

편의점에 들러 냉수 한 통을 집어 들었다.

뚜껑을 돌려 차가운 물을 목으로 넘기자 묵힌 체증이 잠시 씻겨 내려갔다. 하지만 담배 냄새, 고기 냄새와 술 냄새가 섞여 다시 머리가 지끈거렸다. 화장실 거울 속 얼굴은 술기운에 붉게 달아올라 있었고 표정에는 생기가 없었다.

"이게 내 얼굴이었나?" 문득 그런 생각이 들었다. 한참을 바라보다 한숨을 길게 내쉬었다. 그리고 다시 회식장소로 걸음을 옮겼다.

둥글게 둘러앉은 테이블 위, 빈 술병과 반쯤 먹다 만 고기가 어지럽게 널브러져 있었다. 상사의 의례적인 건배사에 사람들은 과장된 웃음으로 화답했다. 그때 나는 무표정하게 술잔을 들었다.

"요새 보고서 누락이 좀 있더라고. 그걸 틀리면 어떡하나?"

상사는 나를 보며 술을 목에 털어 넘겼다.

"죄송합니다. 앞으로 더 신경 쓰겠습니다."

나도 모르게 억지 미소를 지었다. 마음은 점점 불편해졌고 테이블 위의 소란스러움이 커질수록 나는 더욱 침묵했다.

"내가 여기서 무엇을 하고 있는 걸까."

다음 날 토요일 아침, 숙취로 지끈거리는 머리를 부여잡고 거실로 나왔다. 거실 불은 켜져 있었고 밤새 쏟아질 듯한 비 때문인지 창밖은 어둑했다.

냉장고 문을 열어 오렌지주스를 꺼내 병째 들고 벌컥벌컥 마셨다. 병을 제자리에 두고 냉장고 문을 닫으려는데 문 한쪽에 붙은 그림이 눈에 들어왔다. 아이가 그린 그림이었다. 미끄럼틀을 타며 활짝 웃고 있는 모습. 손가락으로 그린 것처럼 선이 삐뚤빼뚤했지만 활기와 즐거움이 가득 담겨 있었다.

"아빠! 나 이거 색칠 좀 도와줘."

내 기척을 듣고 방에서 놀던 안나가 거실로 뛰어나왔다. 손에는 색연필을 한아름 들고 있었다.

"아니다! 아빠도 아빠 어렸을 때 모습 그려봐요! 아빠도 나처럼 키 컸어요?"

안나가 진지한 얼굴로 물었다. 유치원에서 제일 키 큰 아이답게 자신을 크고 멋지다고 생각하는 눈치였다. 내 눈에는 아직 작은 아기 같았지만 친구들과 찍은 사진 속 모습은 또래보다 늠름해 보였다.

나는 잠시 망설이다 아이 앞에 앉았다. 스케치북과 색연필을 쥐고 하얀 종이를 바라보니 오래된 기억이 떠올랐다. 그리고 천천히 어린 시절의 한 장면을 그리기 시작했다.

누군가 말했다. 그림은 내면의 감정을 드러내고 과거의 기억과 화해하며 새로운 시각을 제시한다고. 그림을 그리는 행위는 어쩌면 내가 잊고 있던 나 자신과 다시 대화를 시작하는 일일지도 모른다.

우리집은 가난했다. 부모님은 생계를 위해 쉴 틈 없이 일하셨지만 집안 형편은 빠듯했다. 축구공 하나 사는 일도 사치였다. 낡고 공기 빠진 축구공을 소중히 끌어안으며 친구들과 뛰어놀던 기억이 났다. 그때 나를 위로해 준 건 동네 도서관 한쪽에 있던 커다란 느티나무였다. 그 나무 아래에서 혼자 앉아 책을 읽거나 축구공을 차며 놀았다. 나무 그늘 아래에서 하늘을 올려다보는 시간이 내게는 소중했다. 그곳에서는 가난도, 외로움도 잠시 잊을 수 있었다.

"이거 아빠 어릴 때 모습이에요?"

안나는 내가 그린 그림을 빤히 들여다보았다.

"응. 어릴 때 나무 밑에서 책을 읽곤 했어. 그때는 세상이 참 컸고 뭐든 가능할 것 같았지."

"근데 아빠는 왜 혼자 있어요? 친구들이랑 안 놀았어요?"

"그냥… 그럴 때도 있었어. 가끔은 혼자 있는 게 더 좋았거든."

사는 게 버겁고 숨고 싶어 은둔생활을 한 적도 있다. 혼자인 게 좋다고 말했지만, 마음속 깊은 곳에서는 혼자가 될 수밖에 없었던 외로움이 더 컸다.

"아빠, 근데 그림 속의 아빠는 행복해 보여요."

나는 그림을 다시 보았다. 나무 아래의 소년은 분명 행복해 보였다. 작고 낡은 축구공 옆에서 책을 읽고 있는 모습은 소박하지만 표정은 참 밝아 보였다.

"맞아. 아빠도 행복했어. 가난하고 힘들었지만 나무 밑에서 꿈꾸던 시간은 정말 소중했어."

안나는 내 무릎 위에 앉아 손가락으로 나무를 가리켰다.

"나도 아빠 어릴 때처럼 나무 밑에서 놀아보고 싶어요."

"그래? 그럼 나중에 같이 가보자. 그 나무는 지금도 거기 있을 거야."

"진짜요?"

"응. 그 나무는 백 년도 넘었을걸?"

나는 꽤 오랜 시간 동안 어디로 가야 할지 알 수 없는 길 위에 혼자 서 있는 듯한 기분을 느꼈다. 주변에 수많은 선택지가 있는 것 같았지만 어느 하나도 나를 위한 길처럼 느껴지지 않았다. 아무도 나를 이해하지 못할 것 같았고, 그래서 더 외로웠다. 그런 날들 속에서 나는 나무와 하늘을 바라보며 견뎠다. 그리고 지금은 아이와 함께 그 시간을 다시 마주하며 삶의 이유를 찾고 있다. 이제 나에게 삶이란 나 혼자서만 버티는 것이 아니다.

나무 그늘 아래에서 꿈을 꾸던 소년, 그리고 지금 내 앞에서 꿈을 꾸는 아이. 그 둘은 하나의 끈으로 연결되어 있었다. 과거와 현재, 그리고 미래가 함께 이어지는 이 삶의 고리 안에서 나는 살아가고 있다.

그렇게 나는 내일을 살아갈 이유를 다시 되새겼다. 매일 아이를 마주할 때마다 그 작은 눈동자를 보며 내 다짐은 견고하게 이어질 것이다.

🎨 우리의 작은 시절 (가이드북)

⭐ 어린 시절을 그림으로 표현하기, 어떻게 시작할까요?

종이와 크레파스를 준비하고 행복했던 순간이나 장소를 떠올리며 자유롭게 그려보세요.

💗 그림 속에 숨겨진 이야기

1. 그림 속 중심이 되는 사물

그림에는 저마다의 중심이 되는 사물이 있습니다. 각자에게 중요한 장소, 사람, 물건이 자연스럽게 강조되곤 합니다.

2. 사물의 크기와 모습

- 만약 크고 푸른 나무를 그렸다면 안정감과 보호받는 느낌이 깃들어 있을 수 있습니다.
- 작거나 뒤틀린 나무는 불안정한 환경이나 감정이 반영된 것일 수 있습니다.
- 꼭 나무가 아니어도 됩니다. 만약 가족과 함께 TV를 보는

장면을 그렸다면, 중심이 되는 것은 TV 자체가 아니라 그 순간의 경험과 감정입니다. 가족들과 함께 본다면 유대감을, 혼자 보고 있다면 안락함을 의미할 수 있습니다.

🌏 나의 그림 속 사물은 어떤 의미를 가질까요?

저는 어린 시절 커다란 나무 아래에서 쉬고 있는 그림을 그렸습니다. 그 나무 아래에서 책을 읽고 바람을 느꼈던 따뜻한 기억이 남아 있기 때문이죠. 저에게 중요한 감정인 '안락함'이 그림에 나타난 것입니다. 여러분의 그림을 자세히 살펴보세요. 그 그림 속 사물은 어떤 의미를 담고 있을까요?

✳ 아이나 자신에게 이렇게 질문해보세요

"이 그림 속 장소는 어디야?"

"여기 있는 물건이나 사람은 왜 특별할까?"

"그때 어떤 기분이었어? 지금도 그 기분을 느낄 수 있을까?"

"여기에 더 그리고 싶은 게 있다면 뭐가 있을까?"

부모님을 위한 팁

- "네가 그린 이 나무 정말 멋지다! 여기서 너는 정말 행복해 보이네!" 같은 긍정적인 피드백으로 아이의 기억과 감정을 격려해주세요.
- 그림을 완성한 후, 아이와 함께 그 시절에 느꼈던 감정과 지금의 소중한 순간을 비교하며 이야기를 나눠 보세요. "그때 느꼈던 행복을 지금도 만들 수 있어!" 같은 말을 통해 과거와 현재를 연결해보세요.

※ 그림으로 모든 걸 판단할 수 없습니다. 그림은 도구일 뿐, 아이와 대화하는 것이 더 중요합니다.

#9. 붕어빵 한입

▨ 읽기 전에 함께 그려볼까요?
<비 오는 날 우산 아래에서 함께 나누는 따뜻한 순간>을 상상하며
그림으로 표현해보세요.
우산, 빗줄기, 붕어빵을 추가해도 좋아요.

행복이란 무엇일까.

나는 지금까지 행복의 크기를 비교하며 살아왔다. 가난했던 어린 시절, 낡고 휘어진 철문 너머로 보이는 우리집은 항상 어두웠다. 엄마는 동이 트기도 전에 파출부 일을 나갔고 해진 공장 작업복을 입은 아버지는 매일 밤 쓴 소주를 들이켰다.

"가난에서 벗어나야 한다."

그것은 우리 가족 모두가 공유하는 암묵적인 약속이었다. 그때부터였을까. 행복이란 내가 부족했던 것들을 채워 넣는 것이라 생각했다. 주변 사람들로부터 인정받고 칭찬을 들을 때마다 행복에 한 발짝 더 다가선 것 같은 기분이 들었다.

세월이 흘러 나는 대학원을 수료했고 안정된 직장을 얻었다.

사랑하는 사람을 만나 결혼을 하고 아이도 생겼다. 과거의 나에게 이 정도면 충분히 자랑스러운 삶이었다. 그러나 여전히 나는 끊임없이 목표를 세우고 그것을 향해 달렸다. 목표를 이루는 순간 찰나의 희열을 느꼈지만 그 자리는 금세 공허함으로 채워졌다. 행복은 내 손안에 오래 머물지 않았다. 성취의 순간은 너무 짧았고 그 뒤에는 더 큰 욕망이 나를 기다리고 있었다.

 몇 년 전, 나는 그러한 나 자신을 정면으로 마주하게 되었다. TV에서 야구 경기를 중계하고 있었고 나는 냉장고에서 살얼음 낀 캔 맥주를 꺼내 소파에 앉았다. 오늘만큼은 TV를 보며 마음을 내려놓고 쉴 생각이었다. 하지만 경기를 보는 내내 머릿속은 다른 생각으로 가득했다.
 '이 시간에 자격증 하나라도 더 준비해야 하지 않을까?'
 '내가 이렇게 가만히 앉아 있어도 될까?'
 경기를 보는 동안에도 '무언가를 해야 한다'는 강박이 나를 짓눌렀다. 회사에서도 마찬가지였다. 점심을 먹고 커피를 마시며 일상 얘기를 하는 직원들 사이에 난 끼어들지 못했다. 주말 캠

핑을 했던 이야기, 건강을 위해 테니스를 시작했다는 선배, 그들이 이야기를 하는 동안 내 머릿속엔 온통 하루빨리 학위나 자격증을 취득해야된다는 생각뿐이었다.

결국 나는 야구 경기를 끝까지 보지 못했다. 리모컨을 내려놓고 자리에서 일어나는 순간 문득 이런 생각이 들었.

'영화 한 편, 야구 경기 하나 마음 놓고 보지 못하는 삶은 내가 원하는 삶이 아니다. 내 삶은 왜 이토록 팽팽하게 당겨진 활시위 같을까.'

"우리 딸은 언제가 제일 행복해?"
어느 날 아이와 마주 앉아 물었다. 아이는 냉장고에 붙어있던 스케치북 한 장을 가리켰다. 그림 속에는 비 오는 날의 풍경이 그려져 있었다. 그림 한 가운데 우산을 쓴 세 사람이 보였고 손에 들고 있는 붕어빵은 빨간색으로 그려져 따뜻해 보였다.

"이게 언제야?"

"그때 비 오는 날! 아빠랑 엄마랑 같이 붕어빵 먹었잖아. 우산도 쓰고 아빠가 내 손 잡고 집에 같이 갔던 날!"

나는 그림을 가만히 들여다보았다. 그날의 기억이 떠올랐다. 갑작스러운 소나기에 우산을 하나밖에 가져오지 못한 우리 가족은 좁은 우산 아래에서 서로를 꼭 끌어안고 길을 걸었다.

비에 젖어 우스꽝스럽게 헝클어진 머리, 길가 포장마차에서 사 먹은 붕어빵, 그날은 평범한 날처럼 지나갔지만 아이에게는 가장 행복한 날로 남아 있었다.

"그게 그렇게 좋았어?"

안나의 대답은 망설임이 없었다.

"응! 비도 재밌고, 엄마랑 아빠랑 같이 있어서 너무 재밌었어. 아빠가 웃으면서 '붕어빵 한 입만~' 했던 것도 기억나!"

나는 딸의 그림을 책상 위에 올려두고 그날의 붕어빵 냄새와 비에 젖은 우리의 모습을 다시 떠올렸다. 비가 바닥과 부딪히며 튀는 모습, 바람이 불 때 나는 비 냄새, 아이의 손을 잡을 때 느껴지는 감촉, 아내와 함께 나누는 소소한 대화들, 나에게 가장 중요한 것은 이러한 일상이었다.

행복이란 어쩌면 특별한 성취나 계획된 기쁨이 아니라 스쳐 지나가는 일상의 작은 순간들에 깃들어있는 것이 아닐까.

그 작은 조각들을 놓치지 않고 귀하게 여길 수 있을 때, 비로소 우리는 그토록 찾아 헤매던 행복을 느낄 수 있는지도 모르겠다.

붕어빵 한입 (가이드북)

★ 비 오는 날의 순간을 그림으로 표현하기, 어떻게 시작할까요?

종이와 크레파스를 준비하고 아이가 비 오는 날 가장 즐거웠던 순간을 떠올리며 자유롭게 그림을 그릴 수 있도록 격려해주세요.

"비 오는 날 네가 가장 행복했던 순간은 언제였어?" 또는 "우산 아래에서 뭘 하고 싶어?" 같은 질문으로 상상력을 자극해 보세요.

♥ 그림 속에 숨겨진 이야기

1. 우산 아래의 사람들

- 우산 아래 가족이 함께 있다면 안정감과 유대감을 나타냅니다.
- 혼자 있는 모습은 외로움이나 관계에 대한 갈망을 반영할 수 있습니다.

2. 주변 요소

- 비 오는 풍경 외의 주변 요소들은 따뜻함과 일상 속의 작은 기쁨을 상징합니다. 안나의 그림에서는 '붕어빵'이나 '포장마차'가 따뜻한 일상 속 작은 기쁨을 의미합니다.
- 추가적인 요소(예: 빗줄기, 바람 등)는 아이가 느낀 순간의 분위기를 반영합니다.

3. 배경과 색감

- 밝고 따뜻한 색감은 즐거운 기억과 행복감을 표현합니다.
- 어둡거나 단조로운 배경은 긴장감이나 외로움을 나타낼 수 있습니다.

4. 구성의 요소

- 가족이 서로 가까이 있는 모습은 친밀감과 안정감을, 거리가 멀다면 관계적 거리감을 암시합니다.

✸ **이렇게 질문해보세요**

"이 장면에서 어떤 기분이 들었어?"

"이 우산 아래에서 다른 재미있는 일이 일어났다면 뭐였을까?"

"여기에 더 그리고 싶은 게 있을까?"

♛ **부모님을 위한 팁**

- "비 오는 날 우리가 함께했던 이 순간이 정말 특별했나 봐! 너도 이렇게 행복했던 날을 기억하니 참 좋다." 같은 긍정적인 피드백으로 아이의 경험을 격려해주세요.

- 아이와 그림 속 순간을 이야기하며 "작은 행복이 가장 소중한 추억이 되는 거야!" 같은 메시지를 전해보세요. 이를 통해 아이가 일상 속 작은 즐거움도 소중히 여길 수 있도록 도와주세요.

※ 그림으로 모든 걸 판단할 수 없습니다. 그림은 도구일 뿐, 아이와 대화하는 것이 더 중요합니다.

《가을》

물들어가는 우리의 이야기

#10. 우리를 비춰주는 별

📖 읽기 전에 함께 그려볼까요?
하늘의 별과 나무를 상상하며 그림을 그려보세요.
<별빛 아래 서 있는 나무나, 별을 바라보는 사람의 모습>을 표현해보세요.

깊고 고요한 가을밤이 찾아왔다.

가로등 불빛이 긴 그림자를 드리우고 밤하늘에는 별들이 듬성듬성 떠 있었다. 나는 창가에 서서 그 풍경을 한동안 바라봤다. 그러다 문득 옛 친구의 얼굴이 떠올랐다. 그 친구와 나는 진로에 대한 막막함 속에서 서로를 의지하며 힘든 시간을 함께 버텼다. 미래에 대한 걱정과 새벽까지 이어졌던 소소한 농담들이 아직도 생생하다. 그는 내 말을 누구보다 잘 들어주는 친구였고 그저 곁에 있는 것만으로도 큰 위안이 되었다. 그러나 어느 날 갑작스럽게 찾아온 친구의 죽음. 그의 빈자리는 시간이 지나도 채워지지 않았고 나는 한동안 깊은 우울에 빠졌다.

"우리 얼른 취업해서 부모님한테 효도하자. 우리도 제대로 한번 살아보자고!"

 그 친구와 함께했던 마지막 가을밤이 떠올랐다. 술에 취해 가로등 밑을 걸으며 새겼던 다짐, 그 순간들을 되새기며 하늘의 별들을 바라봤다.

 그때 딸의 방에서 움직이는 소리가 났다. 안나는 이불을 꼭 끌어안은 채 창밖을 바라보고 있었다. 아이의 시선이 머무는 곳은 낮 동안 관리 직원들이 가지치기를 한 나무였다. 잘려나간 가지들이 쌓여있는 모습이 어린 눈에는 특별하게 보였나 보다.
"안나야. 뭘 그렇게 보고 있어?"
"저기 나무요. 잘린 나무는 왜 저렇게 버려지는 거예요?"
 아이에게 뭐라고 대답해야 할지 생각하다가, 창밖을 바라보며 대답했다.
"나무도 살아있어서 때때로 가지를 정리해줘야 튼튼하게 자랄 수 있어. 잘린 가지는 흙으로 돌아가 또 다른 생명이 되기도 하지."
 안나는 고개를 끄덕이며 잠시 생각하더니 나지막이 물었다.

"그럼 사람이 죽으면 어떻게 되는 거예요? 할아버지도 죽고⋯ 아빠도 죽어요?"

순간 말문이 막혔다. 어린 딸에게 죽음을 어떻게 설명해야 할까. 나는 안나의 손을 잡고 말했다.

"그래, 사람도 언젠가는 죽음을 맞이하게 돼. 하지만 그게 끝은 아니야. 우리가 기억하는 한 그 사람들은 우리 마음속에 살아있어. 하늘의 별처럼 우리를 지켜보고 있을 거야."

"그럼 아빠도 언젠가 별이 되는 거예요?"

"그렇지. 먼 훗날 아빠도 별이 되어 네가 어디에 있든 널 지켜볼 거야."

안나는 창밖을 바라보며 별을 찾으려는 듯 고개를 들었다.

"잠이 안 오면 우리 그림 좀 그리다 잘까?"

"네! 좋아요!"

아이는 별빛 아래 서 있는 커다란 나무와 그 옆에 작은 소녀를 그리기 시작했다. 별빛은 따스한 주황색으로, 나무는 포근한 갈색으로 채워졌다.

"아빠는 나중에 별이 되어 저를 지켜봐요."

 그림을 보니 다시 한번 친구와의 추억이 떠올랐다. 친구가 떠난 후 밤하늘의 별을 보며 느꼈던 감정, 그 별빛에서 얻었던 위안. 그의 부재는 여전히 아프지만 별빛 아래에서 나는 그와의 추억을 떠올릴 수 있었다. 별을 보며 그를 떠올리는 것이 내가 그를 애도하는 유일한 방법이었다.
 "아빠, 나중에 제가 아빠를 별로 찾을 수 있을까요?"
 나는 안나를 꼭 끌어안았다.
 "물론이지. 아빠는 언제나 너를 보고 있을 거야. 네가 웃을 때마다 별도 더 밝게 빛날 거야."

안나는 환하게 웃으며 그림을 냉장고 문에 붙였다. 밤하늘에는 여전히 별들이 반짝이고 있었고 그 빛은 창문 너머 집안으로 고요하게 스며들었다.

그날 밤의 별빛은 어둠 속에서도 부드러운 위로처럼 은은히 빛나며 나와 딸의 마음을 감쌌다. 마치 우리가 사랑했던 이들의 흔적이 여전히 우리 곁에 있다는 증표처럼, 그 빛은 잔잔한 위안을 전해주고 있었다.

우리를 비춰주는 별 (가이드북)

★ 별빛과 나무를 그림으로 표현하기, 어떻게 시작할까요?

종이와 크레파스를 준비하고 아이가 별과 나무를 상상하며 자유롭게 그림을 그릴 수 있도록 격려해주세요.

"별빛이 나무를 비추는 모습을 그려볼까? 별빛 아래 누가 서 있다면 어떤 모습일까?" 같은 질문으로 상상력을 자극해보세요.

♥ 그림 속에 숨겨진 이야기

1. 별과 나무의 크기와 위치

- 큰 별과 나무는 아이가 느끼는 안정감과 보호를 상징합니다.
- 작은 별과 나무는 내면의 불안감이나 고립감을 반영할 수 있습니다.

2. 나무 아래 인물의 모습

- 인물이 뚜렷하고 중심에 있다면 자신감을 느끼고 있음을

의미합니다.
- 인물이 작거나 배경에 있다면 소외감이나 내면적 고립을 반영할 수 있습니다.

3. 색상의 선택
- 따뜻한 색상(노랑, 주황 등)은 희망과 안정을 나타냅니다.
- 어두운 색상(검정, 회색 등)이 많다면 슬픔이나 불안을 암시합니다.

✳ 이렇게 질문해보세요

"별빛 아래 서 있는 사람은 누구일까?"

"이 나무는 어떤 이야기를 가지고 있을까?"

"별들이 우리를 보고 있다면 무슨 이야기를 하고 있을까?"

"네가 그린 별은 어떤 기분을 담고 있을까?"

부모님을 위한 팁

- "이 별빛이 정말 따뜻해 보여. 네가 그린 나무와 별이 서로를 아주 잘 어울리게 만들어 주는 것 같아!" 같은 칭찬으로 아이가 그림에 담긴 감정을 소중히 여기도록 도와주세요.
- 아이와 별과 나무에 대한 이야기를 나누며, "별은 우리가 잊고 싶지 않은 사람들과 추억을 상징하기도 해. 네가 기억하고 싶은 사람이나 이야기가 있다면 언제든 그려 봐." 같은 메시지를 통해 기억과 사랑의 중요성을 자연스럽게 전달할 수 있습니다.

※ 그림으로 모든 걸 판단할 수 없습니다. 그림은 도구일 뿐, 아이와 대화하는 것이 더 중요합니다.

#11. 감나무 아래에서

▨ 읽기 전에 함께 그려볼까요?
커다란 나무 아래에서 보내는 즐거운 시간을 상상하며 그림으로 표현해보세요.
<나무와 함께 그려보고 싶은 사람이나 동물>도 추가해보세요.

"이번 주말엔 꼭 내려와라. 아버지 기다리신다."

덤덤한 엄마의 목소리 뒤로 애정이 느껴졌다. 나는 잠시 망설였다. 일정은 빡빡했고 회사 일도 밀려 있었지만 엄마의 한마디가 자꾸 머릿속을 맴돌았다.

"감 다 익었더라. 그거 따서 먹으면 얼마나 달고 맛있겠니."

그 말을 듣는 순간 어릴 적 감나무 아래에서 아버지와 보냈던 시간이 떠올랐다. 아버지는 손수 감나무를 관리하며 말씀하셨다.

"감도, 아이도, 모두 기다림으로 자라는 거야."

그때는 그 말의 의미를 몰랐다. 하지만 나도 이제 기다림의 가치를 조금은 이해할 나이가 되었다. 때론 부모가 앞서 나아가며 이끌어주는 것보다 뒤에서 묵묵히 있어 주는 것이 더 위안이 될 때가 있다는 것도 조금씩 느끼고 있었다.

주말 아침 일찍 딸을 데리고 부모님 댁으로 향했다. 차창 밖으로 시골 풍경이 스쳐 지나가는 동안 안나가 들뜬 목소리로 물었다.

"할아버지는 감나무 아래에 계실까요?"

나는 들뜬 안나를 보며 대답했다.

"그러실 거야. 항상 그러셨으니까."

시골집에 도착하자 엄마가 마당에서 우리를 반갑게 맞아주셨다.

"오느라 고생했다. 아버지는 벌써 감 따러 가셨다."

가방을 내려놓고 잠시 마당을 둘러보았다. 볕에 바랜 지붕, 마당을 둘러싼 나무들, 그 너머로 펼쳐진 감나무까지. 마치 시간이 멈춘 것 같았다. 변한 것은 엄마 얼굴에 새겨진 시간뿐이었다. 안나는 "할아버지!"를 부르며 감나무 쪽으로 달려갔다. 그 모습이 마치 어릴 적 나를 보는 것 같았다.

감나무에 도착하자 아버지가 작은 가지치기 가위를 들고 계셨다. "왔나?"라는 짧은 인사에도 반가움이 묻어났다. 안나는 할아버지가 알려주신 대로 조심스럽게 감을 바구니에 담았다. 감이 점점 쌓여가는 것이 신기한지 아이는 지친 기색 없이 즐거워했다. 아버지는 감을 손수 씻어 손녀에게 건넸다.

"한번 먹어 봐라. 할아버지가 직접 따온 거다."

안나는 입을 크게 벌려 감을 베어 물었다.

"달아요! 정말 달아요!"

아버지는 손녀를 흐뭇하게 바라보며 말씀하셨다.

"감은 말이지, 이렇게 천천히 기다리며 키워야 더 달아지는 거다."

아버지의 말씀을 곱씹어 보았다. 어쩌면 우리의 삶도 그렇지 않을까? 기다림이 없다면 결코 깊은 행복을 느낄 수 없을 것이다.

어느덧 해가 저물었다. 감나무에서 돌아온 딸은 마당에 앉아 그림을 그리기 시작했다. 감과 나무, 그리고 그 아래 서 계신 할아버지를 그리며 연신 색연필을 바꾸었다.

"뭘 그리고 있어?"

딸은 환하게 웃으며 대답했다.

"감나무 밑에 있는 할아버지랑 저요!"

그림 속에는 커다란 감나무가 그려져 있었고 그 아래에 딸이 서 있었다.

"근데 감이 우리 딸 손바닥만 하네?"

딸은 어깨를 으쓱하며 대답했다.

"감이 크면 더 맛있잖아요!"

감의 크기는 아이가 느끼는 사랑과 안정감의 크기였고 할아버지를 나무 아래 가장 크게 그린 모습은 아이가 할아버지를 얼마나 의지하고 존경하는지를 보여주었다.

"우리 가족이 이렇게 다 함께 있다는 게 참 좋다. 너도 그렇게 생각하지?"

"응. 할아버지랑, 할머니랑, 아빠랑, 엄마랑 다~같이 있는 게 제일 좋아요."

잠시 바람을 쐬러 나왔다가 마당 한구석에 있던 창고에서 낡은 상자를 발견했다. 뚜껑을 열어 보니 어릴 적 쓰던 크레파스가 그대로 있었다. 색이 반쯤 닳고 몇 개는 부러져 있었지만 그 색깔은 여전했다. 형태는 중요하지 않다. 그 안에 머금고 있는 이야기가 더 중요할 뿐이다. 사랑도 그렇다. 시간이 흘러 겉모습은 색이 바래고 부러질지언정 그것은 여전히 새로운 그림을 만들어 낼 수 있다.

나무 아래에서 (가이드북)

★ 나무와 즐거운 시간, 어떻게 시작할까요?

종이와 크레파스를 준비하고 아이가 나무의 모습을 떠올리며 자유롭게 그릴 수 있도록 격려해주세요.

"네가 상상하는 나무는 어떤 모습이야?" 또는 "나무 아래에서 뭘 하면 재밌을까?" 같은 질문으로 흥미를 유도해주세요.

♥ 그림 속에 숨겨진 이야기

1. 나무 크기와 가지

- 나무가 크고 가지가 풍성하다면 아이가 안정감을 느끼고 가족과의 관계가 긍정적임을 나타낼 수 있습니다.
- 작거나 가지가 부족하다면 불안정한 감정을 반영할 가능성이 있습니다.

2. 열매의 크기와 풍부함

- 크고 많은 열매는 성취감과 가족의 사랑을 상징합니다.

- 열매가 적거나 없을 경우엔 성취감 부족 또는 외로움을 나타낼 수 있습니다.

3. 나무 아래, 사람과 동물이 주는 의미
- 혼자 있는 경우엔 독립적인 성향이거나 내적 외로움 반영합니다.
- 가족, 친구와 함께 있는 경우엔 정서적으로 안정적이며 타인과의 관계 중시를 의미합니다.
- 반려동물이 있는 경우엔 애착 동물과의 정서 연결 표현, 또는 보호받고 싶은 심리라고 볼 수 있습니다.

4. 배경과 색감
- 밝고 자연 요소가 많으면 행복과 안정감을 반영합니다.
- 배경이 없거나 어둡다면 스트레스나 공허감을 암시할 수 있습니다.

✸ 이렇게 질문해보세요

"이 나무에서 가장 마음에 드는 부분은 어디야?"

"나무 아래에서 네가 제일 하고 싶은 건 뭐야?"

"이 열매는 왜 이렇게 커? 맛은 어떨까?"

"나무 옆에 더 그리고 싶은 게 있니?"

♛ 부모님을 위한 팁

- 아이의 그림을 보며 "이 나무는 정말 튼튼해 보이네. 너도 이 나무처럼 씩씩하게 자랄 거야!" 같은 긍정적인 말을 전해주세요.
- 나무 아래에서 가족이 함께 보낸 시간을 이야기하며 기다림과 사랑이 아이의 삶에 어떻게 빛을 더해주는지 알려주세요.

※ 그림으로 모든 걸 판단할 수 없습니다. 그림은 도구일 뿐, 아이와 대화하는 것이 더 중요합니다.

#12. 다리를 잇는 마음

▨ 읽기 전에 함께 그려볼까요?
<두 개의 다른 장소를 연결하는 다리>를 상상해보세요.
그 다리 위에서 무엇을 보고 누구를 만나고 싶은지 그림으로 표현해보세요.

저녁 식사 자리는 이상하리만치 조용했다.

 평소라면 유치원에서 친구들과 있었던 일, 놀이터에서 벌어진 사소한 해프닝까지 쉴 새 없이 떠들던 아이가 입을 꾹 다물었다. 식탁 위에는 따뜻한 국과 밥이 놓여 있었지만 안나는 수저를 들 생각이 없어 보였다.

"밥이 입에 안 맞니?"

"아니에요. 괜찮아요."

 안나는 결국 숟가락을 내려놓았다. 당장 묻고 싶은 게 산더미였지만 나는 더 캐묻지 않았다. 아이의 세계는 어른의 성급한 질문으로 쉽게 무너질 만큼 여리다는 걸 알기 때문이다.

 저녁 식사를 마친 후에도 안나는 평소와 달랐다. 보통 때는

"책 읽어줘요.", "같이 놀아요." 라며 졸랐을 텐데 오늘은 방 안에 정적만 감돌았다.

 무슨 일이 있었던 걸까? 아이가 말하지 않으니 알 수가 없었다. 유치원에서 친구와 다툰 건 아닐까? 아니면 선생님께 혼난 일이 있었나?

 잠시 후 유치원 선생님에게 하루 일과를 알리는 문자메시지가 왔다. 선생님의 메시지를 보니 안나의 반응이 충분히 이해가 갔다.

 "오늘 안나가 작은 장난감을 가져왔더라고요. 그런데 친구가 그걸 가져가서 혼자만 가지고 놀았어요. 안나는 가까이 가지도 않고 그냥 멀리서 보고만 있더라고요. 말을 하려고 하다 말더니 결국 조용히 자기 자리로 돌아갔어요."

 안나가 속상해했을 표정을 상상하니 내 마음도 무거워졌다. 아이가 왜 그렇게 저녁 식사 자리에서 침묵했는지 이제야 이해가 갔다. 자신의 장난감을 친구가 가져갔음에도 "내 거야."라고 말하지 못했던 부끄러움과 속상함. 어린 마음에 감당하기 힘든 복잡한 감정이었을 것이다.

"들어가도 될까?"

 난 안나의 방문을 조심스레 두드렸다. 안에서 대답은 없었다. 대신 크레파스로 종이를 긁는 소리가 희미하게 들렸다.

 문을 열고 들어가 보니 아이는 책상에 앉아 크레파스를 쥐고 그림을 그리고 있었다. 내 쪽은 쳐다보지도 않고 종이 위에 긴 선을 그었다. 책상 위에는 이미 반쯤 완성된 그림이 있었다. 길게 이어진 다리, 잔잔히 흐르는 강, 그리고 다리 양옆에 자리한 동물들. 개구리, 강아지, 토끼가 각자 다른 방향을 보며 다리 주변에 서 있었다.

"뭐 그리는 거야?"

"다리요."

"왜 다리를 그리고 싶었어?"

안나는 다리를 갈색으로 채색하며 말했다.

"다리는 떨어져 있는 걸 이어 주잖아요. 이쪽 동물이 저쪽으로 건너갈 수도 있고 반대로도 갈 수 있고요."

나는 그림을 자세히 살펴보았다. 그림 속 동물들은 서로 만나고 싶어 하지만 다리 없이는 건너갈 수 없었다. 아이는 그 다리를 통해 자신의 마음속 외로움과 관계에 대한 어려움을 표현하고 있는 듯했다.

"이 동물들은 서로 친구인가 보네?"

"응. 그런데 다리가 없으면 못 만날 거예요."

친구 이야기에 순간 안나의 목소리가 작아졌다. 나는 이때다 싶어 조심스럽게 물었다.

"혹시 오늘 유치원에서 있었던 일이 생각나서 그린 거야?"

잠시 침묵이 돌았다. 나는 서두르지 않고 안나의 대답을 기다렸고 안나는 작은 목소리로 유치원에 있었던 일들을 이야기하기 시작했다.

"친구가 내 장난감을 가져갔는데… 말 못 했어요. 그냥 저쪽에서 보고만 있었어요."

나는 그림 속 다리를 가리키며 말했다.

"그래서 동물들이 다리를 건너 만나고 싶은 거구나."

안나가 고개를 끄덕였다.

"응, 근데 말 못 했어요. 그냥 부끄러워서요."

나는 안나의 머리를 부드럽게 쓰다듬었다.

"이 다리처럼 네 마음도 친구와 이어질 수 있어. '그건 내 거야.'라고 말하는 건 싸우자는 게 아니라 서로 더 잘 이해하자는 뜻이거든."

안나는 잠시 무언갈 생각하는가 싶더니 다시 크레파스를 집어 들었다. 이번에는 다리 양옆에 작은 꽃들을 그리기 시작했다.

"이 다리를 건너면 더 좋은 친구가 될 수 있을까요?"

"그럼. 이 다리는 네가 만든 거니까, 네가 원하는 방향으로 이어질 수 있어."

때로는 다리를 건너는 속도가 느릴 수도 있고 멈춰 서서 주변을 바라보는 시간이 길어질 수도 있다. 그 길 위에서 아이는 자신의 방식대로 균형을 잡고 넘어져도 다시 일어나며 자신만의 리듬을 찾아갈 것이다. 중요한 것은 그 다리를 건너는 방법과 속도를 누가 정해주는 것이 아니라 아이 스스로 선택하고 조정한다는 것이다.

그 길 위에서 아이가 어떤 풍경을 보고, 어떤 감정을 느끼며, 어떤 결정을 내릴지는 오직 자신만이 알 수 있다. 우리의 역할은 그 길이 안전하다는 것을, 그리고 그 다리가 어디로 이어지든 아이가 늘 사랑받고 있다는 것을 알려주는 것뿐이다.

아이의 다리는 그렇게 세상과 이어지며 동시에 자신을 향한 길이 되어줄 것이다.

다리를 잇는 마음 (가이드북)

★ 다리와 연결을 표현하는 그림, 어떻게 시작할까요?

종이와 크레파스를 준비하고 아이가 상상하는 다리와 그 위의 풍경을 자유롭게 그릴 수 있도록 격려해주세요.

"이 다리로 어디에 가고 싶어?" 또는 "다리 위에서 누구를 만나고 싶어?" 같은 질문으로 아이의 상상을 자극해보세요.

♥ 그림 속에 숨겨진 이야기

1. 다리의 의미

- 다리는 현재 자신이 있는 곳과 목표나 바람직한 상태를 연결하는 상징합니다.
- 튼튼하고 안정적인 다리는 아이가 관계나 목표에 대해 긍정적이고 자신감이 있음을 나타냅니다.
- 다리가 작거나 불완전하면 목표에 도달하는 데 어려움을 느끼고 있음을 암시합니다.

2. 다리 양옆의 동물 혹은 사람들

- 동물이나 사람이 가까이 있으면 관계의 친밀감을, 멀리 떨어져 있으면 단절감을 나타낼 수 있습니다.

3. 배경과 구성

- 풍부한 자연과 조화로운 배경은 안정감과 긍정적인 사고를 반영합니다.
- 배경이 단조롭거나 비어 있다면 스트레스나 현실적인 어려움을 표현이라 볼 수 있습니다.

✳ 이렇게 질문해보세요

"이 다리는 어디서 어디로 이어지고 있어?"
"이 다리를 건너가면 어떤 일들이 벌어질까?"
"다리 위에서 네가 보고 싶은 건 뭐야?"
"여기에 더 그리고 싶은 게 있어?"

부모님을 위한 팁

- "이 다리는 정말 멋지네! 다리를 건너면 멋진 일이 일어날 것 같아!" 같은 긍정적인 말로 아이의 연결 의지를 응원해주세요.

- 아이와 다리를 주제로 이야기를 나누며, 목표를 향해 나아가는 과정에서 다리가 얼마나 중요한 역할을 하는지 알려주세요. "다리는 네가 스스로 만들어가는 길이야. 목표를 향해 천천히 건너가면 돼!" 같은 메시지를 통해 아이의 용기를 북돋아주세요.

※ 그림으로 모든 걸 판단할 수 없습니다. 그림은 도구일 뿐, 아이와 대화하는 것이 더 중요합니다.

#13. 하나의 그림, 두 개의 이야기

▩ 읽기 전에 함께 그려볼까요?
자녀와 함께 **<꽃밭으로 이루어진 마을>** 그림을 완성해보세요.
각자가 다른 부분을 그려 하나의 그림이 되는 과정을 떠올리며
마음을 표현해보세요.

주말 오전부터 하루가 꽉 채워져 있었다.

강의를 마치고 인터뷰 준비를 하는 도중 전화벨이 울렸다. 언론사 기자였다. 최근 출간한 에세이에 관한 기사를 준비 중이라며 인터뷰를 요청했다.

"시간이 된다면 직접 뵙고 더 이야기 나누고 싶습니다." 기자의 정중한 목소리 뒤로 쫓기듯 이어졌던 약속들이 머리를 스쳤다. 가장으로서의 책임, 직장생활에 대한 압박, 대학원 공부와 저서 집필까지. 이런 생활이 반복되다 보니 한번은 과호흡이 왔다. 심리상담사는 내가 번아웃이 온 것 같다며 잠시 쉬어가는 게 어떻겠냐고 제안했다. 하지만 그와 동시에 이게 정말 번아웃일까? 아니면 내 삶의 방향에 대한 지독한 고민일까? 어쩌면 지금의 고민은 내 삶의 방향을 다시 묻고 있는 것인지도 모르겠다는 생각이 들기도 했다.

집에 들어서자마자 거실 소파에 몸을 내던졌다. 한 손으로 넥타이를 풀며 내일 강의 내용을 떠올렸다. 부엌에서는 칼질 소리와 냄비가 끓는 소리가 들렸다. 마늘 볶는 냄새가 집 안 가득 퍼졌다.

거실 테이블에 안나가 앉아 있었다. 화가를 꿈꾸는 안나는 오늘도 크레파스를 쥐고 열심히 종이를 채색하고 있었다. 집중한 얼굴에는 열정이 가득했고 눈썹은 미세하게 꿈틀댔다. 딸의 모습에 절로 미소가 지어졌다. 순간 머릿속을 휘젓던 생각들이 사라졌다.

"뭐 그리고 있어?"

"그냥 생각나는 거요."

소파에서 일어나 아이 옆으로 다가갔다. 테이블 위에는 아담한 집이 있었다. 빨간 지붕, 노란 커튼, 그리고 창문 너머로 따스한 햇살까지. 집 옆에는 커다란 태양과 알록달록한 꽃밭도 자리 잡고 있었다.

"아빠, 여기 꽃밭이 아직 덜 칠해졌어. 같이 칠하자!"

나는 꽃밭의 줄기를 초록색으로 칠했고, 안나는 해바라기를 그렸다.

"여기에는 나비도 있어야 해요. 그리고 새들도 여기 날아야 해요!"

아이는 꽃밭 위를 손으로 가리키며 말했다.

"음… 새들이 날아다니려면 집 주변에 나무가 있어야 하지 않겠어?"

"그럼 나무도 그려요!"

나는 처음엔 나무의 사실적인 가지와 줄기를 그렸다. 그러나 아이는 고개를 갸웃거리며 말했다.

"아니, 나무는 더 커야 해요. 잎도 커야 하고요!"

나는 피식 웃음을 지었다. 아이의 손길이 닿을 때마다 그림은 조금 더 생동감 넘치게 변했다. 이번엔 대문을 회색으로 칠하기 시작했다.

"아빠, 대문은 회색 말고 빨간색이 좋아요!"

"대문은 보통 회색이잖아. 빨간색 대문은 보기 힘들걸?"

"그래도 그림에서는 뭐든지 가능하잖아요!"

그림은 조금씩 완성되어 갔다. 아이는 집 주변을 꽃과 해로 채웠고 나는 어디론가 향하는 길을 그렸다.

"아빠, 이 길은 뭐예요?"

"음, 이건 우리가 나중에 같이 걸어가는 길이야. 꽃밭을 지나 새들이 있는 숲으로 가는 길이지."

내 대답에 안나는 웃으며 고개를 끄덕였다. 두 사람의 그림은 현실과 상상이 어우러진 독특한 세계로 완성되었다. 냉장고 문에 그림을 붙이며 아이가 물었다.

"아빠, 이 그림 어때?"

나는 그림을 들여다보며 말했다.

"정말 좋아. 이건 아주 특별한 그림이야. 우리 둘이 함께 그린 거니까."

안나는 만족스러운 듯 고개를 끄덕이며 냉장고를 쳐다봤다. 나도 그림을 다시 바라보았다. 그 안에는 아이의 상상과 어른의 현실이 공존하고 있었다. 어른으로 살아가며 잃어버린 것들, 그리고 아이가 그 안에 불어넣은 희망과 가능성. 그 그림은 두 세계가 만나 서로를 이해하는 연결 고리였다. 아이와의 시간은 내가 잊고 있던 세상을 다시 보게 해준다. 나는 그림 속에 담긴 메시지를 곱씹어 보았다.

삶은 현실과 상상이 만나는 자리에서 더 아름다워진다.
아이와 함께 그려갈 내일도 이 그림처럼 풍요롭기를.

냉장고 문에 붙은 그림은 아빠와 아이를 이어 줄 약속처럼 빛나고 있었다.

하나의 그림, 두 개의 이야기 (가이드북)

★ 함께 그림을 완성하기, 어떻게 시작할까요?

종이와 크레파스를 준비하고 부모와 아이가 서로 다른 부분을 그려 하나의 그림을 완성해보세요. "네가 그리고 싶은 부분을 먼저 그려봐!" 또는 "이 그림에 뭘 더 그리면 좋을까?" 같은 질문으로 자연스럽게 시작해보세요.

♥ 그림 속에 숨겨진 이야기

1. 집의 모습
- 밝고 따뜻한 집은 희망과 안정감을, 무채색이나 단조로운 구조는 현실적 무게감을 반영합니다.

2. 배경과 구성
- 해, 나비, 새 등 자유롭고 풍부한 배경은 창의력과 상상력을 나타냅니다.
- 길이나 그림자는 현실에서의 경험과 책임감을 암시합니다.

3. 색상의 조화
 • 아이의 다채로운 색상은 상상력과 가능성을, 어른의 무채색은 현실적 시각을 상징합니다.

3. 구성의 형태
 • 자유로운 배치와 질서 있는 요소의 조화는 상상과 현실이 만나며 만들어진 특별한 공간을 나타냅니다.

✳ 이렇게 질문해보세요
 "이 집은 어떤 집이야? 여기엔 누가 살고 있어?"
 "이 길은 어디로 이어지는 거야? 어떤 모험이 기다릴까?"
 "더 그리고 싶은 게 있다면 뭘 넣고 싶어?"
 "우리 둘이 함께 그린 이 그림에서 제일 마음에 드는 부분은 뭐야?"

부모님을 위한 팁

- "우리가 함께 그리니까 그림이 훨씬 더 멋져졌네!" 같은 말을 통해 아이에게 협력의 즐거움을 알려주세요.
- 완성된 그림을 보며 아이와 함께 상상과 현실이 어우러진 이야기를 만들어보세요. "이 길은 어디로 이어질까?" 같은 질문으로 이야기를 확장하며 서로의 시각을 공유해보세요.

※ 그림으로 모든 걸 판단할 수 없습니다. 그림은 도구일 뿐, 아이와 대화하는 것이 더 중요합니다.

#14. 음악이 머무는 순간

▧ 읽기 전에 함께 그려볼까요?
어떤 음악이 당신을 가장 행복하게 하나요?
그 음악을 들으며 느꼈던 순간을 떠올리며 그림으로 표현해보세요.
가족과 함께하는 장면이나 **<당신만의 특별한 음악 속 풍경>**을 그려도 좋아요.

어릴 적 내 방 한쪽에는 통기타가 놓여 있었다.

기타줄을 손끝으로 튕기며 김광석의 노래를 따라부르던 기억이 난다. 그의 노래를 따라 부를 때면 마치 나만의 무대 한가운데 선 것 같은 기분이 들었다.

'또 하루 멀어져 간다. 머물러 있는 청춘인 줄 알았는데.'

라디오에서 그의 목소리가 흘러나오면 기타를 집어 들고 엉성하게 따라 치며 혼자만의 공연을 펼쳤다. 음악은 나에게 하나의 언어였고 세상을 향한 나만의 이야기였다. 하지만 지금은 기타를 치는 법조차 잊어버렸다. 손끝에 남았던 기타줄의 감촉마저 희미해졌지만, 그 시절 음악을 따라 흥얼거리던 내 모습은 여전히 마음 한구석에 남아 있다.

세월이 흐르며 기타도, 라디오도 내 손에서 멀어졌다. 대신 책상 위에는 업무 서류와 전공 서적만이 쌓여갔다. 삶은 바쁘게 흘러갔고 음악은 바쁨 속에 묻혀버렸다. 그렇게 나는 내가 좋아하던 소리들을 잊은 채 어른이 되었다.

그러던 어느 날, 딸과 보낸 하루가 음악을 좋아했던 나의 소년 시절을 떠올리게 했다.

"엄마! 아빠! 오늘 음악 시간에 멜로디언 불었어요! 엄마, 아빠한테도 들려줄게요!"

거실로 뛰어오는 딸의 두 손에는 멜로디언이 들려 있었다.

"자, 여기 앉으세요! 시작할게요!"

안나는 멜로디언을 들고 숨을 깊이 들이마신 뒤 천천히 연주를 시작했다. 첫 음은 조금 흔들렸지만 점차 부드러운 멜로디가 흘러나왔다. 연주를 마친 안나는 눈을 깜빡이며 내 반응을 살폈다.

"어때요, 아빠? 저 잘했죠?"

나는 진지하게 고개를 끄덕이며 대답했다.

"정말 잘했어. 특히 마지막 부분이 마음에 들더라. 그 부분에서 네 감정이 잘 표현된 것 같아."

딸은 멜로디언을 무릎 위에 올려놓으며 웃었다.

"저도 그 부분이 제일 좋아요. 아빠도 한번 해보세요!"

"나도? 내가 하면 네가 실망할 텐데."

"괜찮아요! 제가 잘 알려줄게요. 아빠, 여기 먼저 눌러보세요."

나는 딸이 가르쳐준 대로 한 음을 눌렀다. 삐걱대는 소리가 나자 안나가 깔깔 웃었다.

"아빠, 숨을 좀 더 천천히 내쉬어야 해요! 그래야 예쁜 소리가 나요."

몇 번의 시도 끝에 조금 더 안정된 소리가 나왔다. 딸은 손뼉을 치며 말했다.

"이제 조금 나아졌어요! 아빠, 연습하면 금방 잘할 수 있을 거예요."

딸과 함께 웃는 그 순간이 무척 즐거웠다. 멜로디언 연주는 서툴렀지만 그것보다 중요한 건 딸과 함께하는 시간이 주는 따뜻함이었다.

다음 날, 안나는 스케치북과 크레파스를 꺼냈다.

"어제 음악 시간 생각하면서 그림 그릴래요!"

아이는 연주하는 자신의 모습을 그리기 시작했다. 그림 속에는 안나가 연주를 하고 있고 그 모습을 보는 나와 아내의 모습이 담겨 있었다. 음표들은 무지갯빛으로 공중을 떠다녔다.

"아빠, 이건 우리가 만든 음악이에요. 무지개처럼 예쁘죠?"

나는 딸의 그림을 자세히 들여다보며 말했다.

"정말 예쁘다. 네가 그린 음악은 우리 가족의 행복을 그대로 담고 있네."

안나는 밝게 웃으며 그림에 마지막 음표를 더했다. 음표는 마치 그림 밖으로 퍼져나가는 듯 보였다. 이 그림은 어쩌면 아이가 엄마, 아빠에게 보내는 감사의 메시지였는지도 모른다.

어린 시절 나는 모차르트가 되고 싶었다. 그의 음악처럼 사람들을 울리고 감동시키는 음악가가 되는 것이 내 꿈이었다. 모차르트의 천재성, 한평생을 바쳐 한 분야의 전문가가 되는 일들, 나 역시 그처럼 인생을 바쳐 성공한 전문가가 되고 싶었다. 하지만 지금은 다르다. 이제 나는 김광석의 노래를 가족들과 함께 부르고, 모차르트의 음악을 들으며 웃는 지금 이 시간이 가장 행복하다. 딸의 멜로디가 그 순간마다 어우러져 우리 가족만의 특별한 음악이 된다. 그것은 누구도 흉내 낼 수 없는 소중한 화음이다. 모차르트가 천재적인 선율로 세계를 감동시켰다면, 나는 가족과 함께 웃음과 사랑으로 내 작은 세상을 채운다.
 나에겐 그것이면 충분했다.

🎨 음악이 머무는 순간 (가이드북)

⭐ **음악과 행복을 그림으로 표현하기, 어떻게 시작할까요?**

종이와 크레파스를 준비하고 아이가 가장 행복했던 음악과 그 순간을 떠올리며 자유롭게 그림을 그릴 수 있도록 격려해주세요.

"어떤 음악이 가장 좋았어? 그 음악을 들을 때 어떤 장면이 떠오르는지 그려볼래?" 같은 질문으로 아이의 상상력을 자극해보세요.

❤️ 그림 속에 숨겨진 이야기

1. 음표와 색상의 표현

- 밝고 다양한 색의 음표는 아이가 느낀 즐거움과 창의성을 반영합니다.
- 단조로운 음표나 어두운색은 스트레스나 긴장감을 암시할 수 있습니다.

2. 음악과 주변 배경

· 그림 속에 가족과 함께 있는 모습이 포함되면 안정감과 유대감을 나타냅니다.

· 혼자 있는 모습은 고립감이나 내면의 집중을 표현할 수 있습니다.

3. 음표의 배치와 움직임

· 음표가 자유롭게 퍼져 나가는 모습은 아이의 상상력과 감정의 확장을 의미합니다.

· 음표가 한 곳에 몰려 있거나 움직임이 없다면 내면적 억압이나 제한된 감정을 반영할 수 있습니다.

4. 음악과 인물의 상호작용

· 음악이 가족과 연결되는 모습은 긍정적 관계와 감정의 공유를 나타냅니다.

- 음악과의 거리가 멀다면 감정적 단절감을 나타낼 수 있습니다.

🌟 **이렇게 질문해보세요**

"이 음악을 들었을 때 네 기분은 어땠어?"
"그 음악은 누가 들으면 좋을까?"
"음표가 그림 속에서 움직인다면 어디로 흘러갈 것 같아?"
"여기에 더 그리고 싶은 게 있다면 뭘 추가하고 싶어?"

👑 **부모님을 위한 팁**

- 아이와 그림 속 음악과 장면에 대해 이야기하며 음악이 주는 행복과 가족의 소중함을 나눠보세요. "음악은 이렇게 우리의 감정을 더 밝게 만들어 주는 것 같아!" 같은 메시지로 음악이 가진 힘과 아름다움을 알려줄 수 있습니다.

※ 그림으로 모든 걸 판단할 수 없습니다. 그림은 도구일 뿐, 아이와 대화하는 것이 더 중요합니다.

#15. 어둠 속에서

📖 읽기 전에 함께 그려볼까요?
<어둠 속에서 하나의 촛불이 빛나는 모습>을 상상해보세요.
그 빛이 비추는 장면을 그림으로 그려보세요.

집 안이 정적에 잠겼다.

전등이 꺼지면서 익숙했던 빛과 소음이 한순간에 사라졌다. 정전이었다. 냉장고의 '윙윙-' 거리는 소리, 전등이 내뿜던 따스한 밝음, 그리고 텔레비전 화면에서 깜빡이던 빛. 평소에는 의식조차 하지 못했던 것들이 사라지자 어둠은 예상보다 훨씬 짙었다. 칠흑 같은 어둠 속에서 처음으로 느낀 건 빛의 부재보다는 소리의 부재였다. 창밖에서는 바람 소리가 간헐적으로 들렸고 멀리서 자동차 문이 닫히는 둔탁한 소리가 울렸.

나는 주변을 더듬으며 휴대폰을 찾아보려 했다. 하지만 손에 닿는 건 책과 장난감뿐이었다. 무언가에 발이 걸렸고 낯선 정적 속에서 신음이 흘렀다. 그때 저 멀리 안나의 방문이 열리는 소리가 들렸다.

"아빠, 왜 이렇게 깜깜해요?"

안나의 목소리가 열린 문틈으로 새어 나왔다.

"전기가 나갔나 봐. 걱정하지 마. 금방 다시 켜질 거야."

손을 뻗어 아이의 머리를 쓰다듬었다. 내 옷소매를 꽉 잡는 안나의 손길이 느껴졌다. 평소에는 장난스러운 목소리이지만 오늘은 조금 떨리는 듯했다.

"아빠, 전기가 안 돌아오면 어떡해요?"

"괜찮아. 우리 조금만 기다려 보자. 그동안 우리 뭔가 재밌는 걸 해볼까?"

긴장한 아이의 마음을 달래주고 싶었다. 부엌 서랍을 뒤졌지만 손전등은 보이지 않았다. 대신 손끝에 걸린 건 성냥과 초였다. 나는 초를 꺼내 들고 성냥을 그었다. '치익-' 하는 소리와 함께 불꽃이 어둠을 밀어내며 타올랐다. 초에 불을 붙이자 집안의 윤곽이 서서히 드러났다.

나는 조심스럽게 초를 부엌 테이블 위에 올려놓았다. 촛불의 흔들리는 빛 아래 안나의 얼굴이 보였다.

"아빠, 이거 예쁘다. 불이 춤추는 거 같아요."

안나의 목소리는 이제 호기심으로 가득했다.

"응, 불은 항상 움직여. 가만히 있지 못하거든. 그런데 이렇게 작은 불이 어둠 속에서는 큰 빛처럼 느껴지지 않니? 우리 이걸 그림으로 한번 그려볼까?"

"네! 아빠. 빨리 그려요!"

"좋아. 촛불 밑에서 그림 그리면 재밌겠다."

나는 서랍에서 종이와 크레파스를 꺼냈다. 안나는 두 손으로 크레파스를 고르고 촛불을 가까이 당겨 그림을 그리기 시작했다.

"이게 촛불이고요, 여기는 불빛이에요. 촛불이 불빛들을 만들어줬어요. 그래서 여기 주변이 밝아진 거예요."

안나는 초가 있는 중심을 가리켰다. 초 주변으로 불빛들이 퍼져 있었다.

"아빠는 촛불이에요."

"아빠가 촛불이야? 왜 그렇게 생각했어?"

"촛불이 있으니까 불빛이 생기는 거잖아요. 불빛들은 혼자 생길 수 없잖아요."

나는 깜짝 놀란 마음을 애써 감추며 안나를 바라봤다. 아이는 눈에 보이는 현상을 말한 것이겠지만 그 안에는 깊은 의미가 담겨 있었다.

"우리 딸이 불빛이라면, 네가 더 밝게 빛나려면 아빠가 어떻게 해야 할까?"

안나는 잠시 고민하다 대답했다.

"촛불이 가까이 있어야 해요. 그래야 불빛들이 더 밝아지잖아요."

나는 그 말을 듣고 잠시 멍해졌다. 아이는 이렇게 간단한 말로 내가 평소 느끼던 고민과 결핍을 정확히 짚어냈다.

"그렇구나. 그러면 아빠가 네 곁에 더 오래, 더 가까이 있어야겠네."

안나의 얼굴에 미소가 번졌다.

"응! 그러면 나도 더 밝아질 거예요!"

 전기가 복구된 후에도 우리는 촛불을 끄지 않았다. 촛불은 어둠 속에서 우리를 이어주는 매개체가 되었다. 그날의 어둠은 그림을 통해 우리가 서로에게 얼마나 가까이 있어야 하는지를 일깨워주었다.

 삶은 때때로 길고 어두운 밤과 같기도 하다. 예측할 수 없는 순간들이 우리를 흔들고 끝없는 어둠 속에 갇힌 듯한 느낌이 들 때도 있다. 하지만 그 속에서도 작은 빛 하나가 있다면 어둠은 그리 두렵지 않다는 것을 깨닫게 된다. 그 빛은 혼자서는 흐릿하고 작을지라도 누군가와 함께하면 더 크고 따뜻하게 번진다.

 어쩌면 우리의 인생도 촛불 같을지 모른다. 혼자서는 크게 빛나지 못하지만 서로 가까이 있으면 더 밝아진다. 그리고 무엇보다 중요한 건 불빛을 함께 나누는 그 순간이야말로 진정한 행복이라는 것이다.

어둠 속에서 (가이드북)

★ **촛불과 빛의 따뜻함을 그림으로 표현하기, 어떻게 시작할까요?**

종이와 크레파스를 준비하고 아이가 어둠 속에서 빛나는 촛불을 상상하며 자유롭게 그림을 그릴 수 있도록 격려해주세요. "촛불이 비추는 장면을 상상해 보자! 촛불과 그 빛이 만드는 풍경을 그림으로 그려볼래?" 같은 질문으로 상상력을 자극해보세요.

♥ 그림 속에 숨겨진 이야기

1. 촛불의 위치와 크기

- 촛불이 크고 중심에 있다면 안정감과 관계에서의 중심적 역할을 상징합니다.
- 작거나 흐릿한 촛불은 자신감 부족이나 관계에서의 거리감을 나타낼 수 있습니다.

2. 촛불이 비추는 빛

- 빛이 넓고 환하다면 긍정적인 감정과 따뜻함을 표현한 것입니다.
- 빛이 좁거나 약하면 정서적 위축이나 불안을 반영할 가능성이 있습니다.

3. 배경과 그림의 구성

- 배경에 가족이나 다른 사람들과 함께 있는 모습은 안정감과 유대감을 상징합니다.
- 촛불만 고립되어 있다면 관계적 단절이나 외로움을 나타낼 수 있습니다.

4. 색상 사용

- 따뜻한 색(노랑, 주황)은 희망과 긍정적인 감정을 나타냅니다.
- 어두운 색이 많다면 긴장감이나 스트레스를 암시합니다.

✱ 이렇게 질문해보세요

"이 그림 속 촛불은 누굴 나타내는 걸까?"

"촛불이 비추는 빛은 어떤 느낌이야? 따뜻할까?"

"촛불이 더 밝아지려면 어떻게 해야 할까?"

"이 그림에 더 그리고 싶은 게 있으면 뭘 추가하고 싶어?"

♛ 부모님을 위한 팁

- "이 촛불이 우리 가족을 따뜻하게 밝혀주는 것 같아. 네가 그린 이 빛이 정말 멋지다!" 같은 긍정적인 피드백으로 아이가 자신의 그림에 자부심을 느끼게 해주세요.
- 그림을 완성한 후, 촛불이 가진 따뜻함과 함께하는 사람들의 중요성을 이야기해 보세요. "빛은 혼자보다 둘이 같이 있을 때 더 환해지는 거야!" 같은 말을 통해 아이에게 협력과 관계의 소중함을 알려주세요.

※ 그림으로 모든 걸 판단할 수 없습니다. 그림은 도구일 뿐, 아이와 대화하는 것이 더 중요합니다.

《가을》물들어가는 우리의 이야기

《겨울》

하얀 눈 위에 그린 약속

#16. 토토와 솜냥이, 두 친구의 동거 이야기

▨ 읽기 전에 함께 그려볼까요?
서로 다른 배경을 가진 **<동물 친구들이 함께 살아가는 모습>**을 상상해보세요.
그 안에서 만들어지는 특별한 우정과 사랑을 느껴보세요.

딸에게 강아지를 선물해 주기로 한 날, 아내와 나는 긴 대화를 나누었다.

강아지를 키운다는 건 쉬운 결정이 아니었다. 강아지는 귀엽게 바라보기만 하면 되는 존재가 아닌 책임과 헌신이 필요한 또 하나의 가족이어야 하기에 오랫동안 입양을 고민했다. 하지만 우린 안나가 어릴 때부터 얼마나 동물을 좋아했는지 잘 알고 있었다. 아이는 매일 밤 강아지 인형을 끌어안고 잠들며 "진짜 강아지가 있으면 얼마나 좋을까?"라고 중얼거리곤 했다.

그날은 겨울이었다. 창밖으로 눈이 소복이 쌓여 세상을 하얗게 덮었고 가로등 불빛이 눈길 위로 은은하게 반사되고 있었다.

"아빠, 강아지가 저를 좋아할까요? 제가 잘 돌봐줄 수 있을까요?"

차 안에서 딸아이가 눈을 반짝이며 연신 물었다.

"물론이지. 네가 얼마나 사랑해줄지 강아지도 곧 알게 될 거야."

그 말에 안나는 환하게 웃으며 창밖으로 스쳐 지나가는 눈 덮인 풍경을 바라보았다. 아마 머릿속으로 강아지와의 첫 만남을 상상하고 있었겠지. 나 역시 강아지를 안고 활짝 웃고 있는 안나의 모습이 상상이 돼 입꼬리가 올라갔다.

입양센터에 도착했을 때, 우리는 작은 강아지를 만났다. 갈색 털에 생기 있는 눈을 가진 강아지는 딸에게 다가와 꼬리를 흔들었다. 안나는 조심스럽게 강아지를 안으며 말했다.

"토끼처럼 귀여워요. 이름은 토토로 할래요!"

딸의 말에 우리 모두 웃음을 터뜨렸다. 그렇게 토토는 우리 가족이 되었다.

토토를 데리고 집에 돌아온 날, 딸의 얼굴에는 기쁨과 설렘이 가득했다. 집 안으로 들어서자 토토는 집안 곳곳을 탐색하며 낯선 환경에 적응하려는 듯 냄새를 맡고 다녔다. 딸은 토토의 뒤를 졸졸 따라다니며 끊임없이 말을 걸었다.

"토토야, 여기가 너의 집이야! 내가 너를 지켜줄게."

토토는 딸의 말이 들리는지 고개를 갸웃하며 바라보다가 꼬리를 흔들며 딸 곁으로 다가왔다. 딸은 토토를 쓰다듬으며 환하게 웃었고 나는 그 모습을 보며 따뜻한 안도감을 느꼈다.

첫날밤, 토토는 딸의 방 한구석에 마련된 침대에 몸을 웅크렸다. 딸은 강아지의 머리를 조심스럽게 쓰다듬으며 속삭였다.

"토토야, 여기서 행복하게 지내자."

그 말에 토토는 마치 안심한 듯 딸의 손에 얼굴을 기댔다. 안나는 토토와 함께 침대에서 잠들었고 나는 그 모습을 바라보며 가족의 소중함을 다시 한번 느꼈다.

1년 후, 우리는 또 다른 특별한 인연을 맺게 되었다. 어느 날 유기묘 보호소에서 한 고양이의 이야기를 듣게 된 것이다. 하얀 털을 가진 이 고양이는 도로에서 위험한 상황에 처해 있다가 구조되었다고 했다. 보호소 직원은 고양이가 겁이 많고 조심스러운 성격이라 천천히 다가가야 한다고 설명했다. 안나는 고양이 사진을 보자마자 나를 바라보며 간절한 눈빛으로 말했다.

"아빠, 고양이를 데려오고 싶어요."

아이의 눈빛에는 결심이 서려 있었다. 아내와 나는 망설였지만 안나의 진심 어린 눈빛에 마음이 움직였다.

"그래, 고양이를 우리 가족으로 맞이하자."

그날 우리는 고양이를 데리고 집으로 돌아왔다. 차 안에서 아이는 고양이를 조심스럽게 쓰다듬으며 말했다.

"이제 안전해, 고양아. 솜처럼 부드러우니까 이제 네 이름은 솜냥이야. 그리고 여기가 네 집이야."

딸의 따뜻한 목소리에 솜냥이의 긴장이 조금씩 풀어지는 듯했다. 여전히 겁먹은 모습이었지만 안나의 손길에 점점 안정을 찾아가는 것 같았다.

솜냥이가 집에 도착하자 토토는 새로운 친구의 등장에 긴장한 모습이었다. 솜냥이를 낯설게 바라보며 다가갈지 말지 망설이는 듯했다. 솜냥이는 방구석에 몸을 웅크린 채 조심스럽게 주변을 살폈다.

"아빠, 둘이 잘 지낼 수 있을까요?"

안나가 걱정스러운 목소리로 물었다. 나는 딸의 어깨를 감싸

안으며 말했다.

"시간이 필요할 거야. 하지만 우리가 정성을 다하면 둘도 없는 친구가 될 거야."

안나는 매일 솜냥이에게 다가가 말을 걸고 다정하게 쓰다듬었다. 딸의 진심은 결국 솜냥이의 마음을 열게 했다. 시간이 지나면서 솜냥이와 토토도 서로를 탐색하며 조금씩 가까워졌다.

어느 날 솜냥이는 높은 책장 위에서 토토를 내려다보며 앞발을 뻗었다. 토토는 솜냥이를 향해 꼬리를 흔들며 점프를 시도했다. 둘의 모습은 마치 장난기 가득한 어린아이들 같았다. 우리는 그 광경을 보며 웃음을 터뜨렸다.

"솜냥이랑 토토가 진짜 친구가 된 것 같아요!"

둘은 집안 곳곳을 함께 다니며 장난을 치고 때로는 다투기도 했다. 그러나 그 속에서 우리는 그들만의 우정을 느낄 수 있었다.

"토토야, 솜냥아, 너흰 정말 특별해. 우리 집에 와줘서 고마워."

딸은 두 친구와 함께 그림을 그리고 이야기를 나누며 행복한 시간을 보냈다.

"아빠, 솜냥이랑 토토는 제 가장 친한 친구예요. 저는 이 친구들이 있어서 너무 행복해요."

밤이 깊어지자 집안은 고요해졌다. 솜냥이는 소파 위에서 몸을 둥글게 말고 잠들었고 토토는 안나의 곁에서 눈을 감은 채 숨소리를 내고 있었다. 희미한 달빛이 방 안을 부드럽게 감싸며 모든 것이 평화로웠다. 안나도 곧이어 토토와 솜냥이의 곁에서 잠이 들었다. 쌔근-쌔근.

서로의 숨소리 때문이었을까. 그날 밤은 유독 집이 더 따뜻하게 느껴졌다.

🎨 토토와 솜냥이, 두 친구의 동거 이야기 (가이드북)

⭐ **동물과 함께 살아가는 모습을 그림으로 표현하기, 어떻게 시작할까요?**

종이와 크레파스를 준비한 뒤 아이에게 상상 속 친구들이 함께 지내는 모습을 떠올려 보자고 제안해보세요. "강아지와 고양이가 놀고 있는 모습을 그려볼래? 그 둘이 어떤 놀이를 하고 있을까?" 같은 질문으로 흥미를 자극해주세요.

💛 그림 속에 숨겨진 이야기

1. 동물의 크기와 위치

- 강아지와 고양이가 같은 크기로 나란히 그려졌다면 둘 사이의 균형 잡힌 관계를 반영합니다.
- 한 동물이 더 크거나 중심에 있다면 아이가 특별히 더 애착을 느끼는 대상을 나타낼 가능성이 있습니다.

《겨울》하얀 눈 위에 그린 약속

2. 배경 요소
- 밝고 생동감 있는 배경은 동물들과의 관계에서 느끼는 행복과 긍정적 감정을 나타냅니다.
- 배경이 단조롭거나 생략되었다면 동물들과의 관계에서 느끼는 갈등이나 소외감을 나타낼 가능성이 있습니다.

3. 동물 간의 상호작용
- 서로 가까이 다가가거나 함께 뛰노는 모습은 친밀감과 우정을 나타냅니다.
- 동물들이 멀리 떨어져 있다면 관계의 긴장감을 반영할 수 있습니다.

✸ 이렇게 질문해보세요

"강아지와 고양이가 가장 좋아하는 놀이가 뭐라고 생각해?"
"둘이 다툴 때는 어떻게 화해할까?"

"강아지와 고양이가 함께 여행을 간다면 어디로 갈까?"
"네가 그린 그림 속에서 강아지와 고양이는 어떤 이야기를 하고 있을까?"

부모님을 위한 팁

- "토토와 솜냥이가 정말 잘 어울려! 네가 그린 모습처럼 둘이 아주 좋은 친구가 된 것 같아." 같은 칭찬으로 아이가 동물들과의 관계에서 느끼는 자부심을 키워주세요.
- 아이와 동물들과의 관계에 대해 이야기하며 "토토와 솜냥이가 서로 도우며 살아가는 모습처럼 우리도 서로를 잘 이해하고 도와줘야 해." 같은 메시지를 전달해보세요.

※ 그림으로 모든 걸 판단할 수 없습니다. 그림은 도구일 뿐, 아이와 대화하는 것이 더 중요합니다.

《겨울》하얀 눈 위에 그린 약속

#17. 책 속의 세계

▨ 읽기 전에 함께 그려볼까요?
당신이 **<가장 좋아하는 책의 한 장면>**을 그림으로 표현해보세요.
또는 **<가족과 함께 읽었던 책의 내용>**을 그려보세요.
상상 속에서 펼쳐지는 이야기를 색으로 담아보세요.

처음 그녀를 만났을 때의 기억은 액자의 담긴 사진처럼 생생히 남아 있다.

그날은 가벼운 눈발이 흩날리고 있었다. 창밖으로 찬 바람이 불었지만 수어교육원 안은 온기로 가득했다. 설렘과 긴장으로 강의실 문을 열었다. 낯선 언어와 환경에 잘 적응할 수 있을지 걱정이 앞섰다.

수어를 배우기로 마음먹은 건 몇 년 전 직장에서 있었던 일 때문이다. 청각장애가 있는 사람을 만났는데, 그가 입술을 읽고 손짓으로 의사를 표현할 때 나는 아무것도 할 수 없었다. 그때의 무력감이 오랫동안 남아 있었고 다시 그런 상황이 온다면 내 마음을 전할 방법을 알고 싶었다. 언젠가 그런 상황이 온다면 적어도 손짓으로라도 내 마음을 전할 수 있기를 바라며.

강의실에는 다양한 사람들이 모여 있었다. 손을 사용하며 말을 만들어 내는 모습이 신기했다. 그러다 그 속에서 그녀를 보았다. 긴 생머리가 어깨를 따라 자연스럽게 흘러내렸고 웃는 모습이 참 예뻤다. 그녀는 열심히 강사의 동작을 따라 했다. 서툴러 보이는 손동작이 오히려 그녀의 진심을 더 잘 보여주는 것 같았다. 수업이 끝나고 그녀가 먼저 말을 걸어왔다.

"안녕하세요. 처음 오셨죠?"

그녀의 목소리에 긴장했던 마음이 조금 풀어지는 듯했다. 나는 어색한 미소를 지으며 대답했다.

"네, 처음인데 생각보다 어렵네요."

그녀는 고개를 끄덕이며 미소 지었다.

"저도 처음엔 그랬어요. 조금만 익숙해지면 괜찮아질 거예요. 잘 해내실 거 같아요."

그날의 짧은 대화를 시작으로 우리의 인연은 점점 더 깊어져 갔고 함께 세상을 바라보는 시선을 넓혀갔다. 언어를 배우는 동료를 넘어 서로의 삶을 이해하고 나누는 동반자가 되었다.

세월이 흘러 우리의 이야기는 딸에게로 이어졌다. 딸은 책을 좋아하는 아이로 자랐다. 책 속의 세상은 아이에게 또 다른 현실이었다. 그런 딸이 엄마를 동화 속 주인공처럼 바라보는 모습을 본 적이 있다. 그 모습은 여전히 내게 참 특별한 기억으로 남아 있다.

저녁 달빛이 거실 창문을 통해 길게 드리웠다. 안나는 소파에 앉아 그림책을 읽고 있었다. 책장을 넘기며 속삭이는 안나의 목소리가 거실에 은은히 울렸다. 마치 책 속 주인공이 되어 이야기를 들려주는 듯했다.
"어떤 책 읽고 있어?"
내가 물었다. 딸은 환히 웃으며 책 속 장면을 가리켰다.
"이거요! 마틸다가 책을 읽고 있잖아요. 그런데 선생님이 나쁜 사람이에요. 마틸다가 혼자서도 멋지게 해결해요!"
딸은 최근 읽기 시작한 《마틸다》에 푹 빠져 있었다. 마틸다의 용기와 지혜가 딸에게는 동경의 대상이었다. 그리고 어느 순간 딸은 엄마를 마틸다와 닮았다고 생각하기 시작했다. 그 이유는

명확하지 않다. 하지만 딸의 눈에는 엄마가 책 속 주인공처럼 용감하고 특별한 사람으로 비쳤던 것 같다.

"엄마도 마틸다처럼 될 수 있을까요?"

"그럼, 엄마도 이야기 속 주인공이 될 수 있지. 왜 그런 생각을 했어?"

"엄마가 항상 재미있는 이야기를 해주잖아요. 그리고 엄마는 마틸다처럼 강하니까요."

잠들기 전, 딸은 아내와 함께 책을 읽었다. 딸은 책 속 장면을 가리키며 물었다.

"엄마가 마틸다라면 어떤 선생님을 제일 무서워할 거 같아? 엄마도 그런 적 있어요?"

아내는 딸의 질문에 귀 기울이며 하나하나 대답해주었다. 딸과 함께 책 속 세계를 공유하며 웃는 모습을 보니 처음 수어교육원에서 아내를 만났을 때의 따뜻함이 떠올랐다. 그때 아내가 보여줬던 진심 어린 열정이 딸과 나누는 대화 속에서도 그대로 묻어났다.

안나는 그림 속 마틸다 옆에 엄마를 그리기 시작했다. 그림 속 아내는 마틸다와 나란히 서서 선생님과 맞서고 있었다. 딸은 그림에 별과 칠판도 덧그렸다.

"엄마랑 마틸다가 함께 세상을 더 좋은 곳으로 만들 거예요."

"엄마와 마틸다가 만든 세상은 어떤 모습일까?"

"엄마가 말했잖아요. 아이들이 자유롭게 꿈꿀 수 있는 곳이 제일 좋은 세상이라고요."

아내는 고개를 끄덕이며 안나의 머리를 쓰다듬었다.

"맞아, 그런 세상을 만들려면 서로를 응원해야 해."

그림을 완성한 딸은 냉장고 문에 그림을 붙이며 말했다.

"이 그림이 우리가 그 세상을 만드는 첫 번째 그림이 될 거예요."

딸의 그림 속에서 아내는 엄마 이상의 존재였다. 엄마는 영웅이었다. 안나가 표현한 선 하나, 색 하나마다 가족을 향한 애정이 묻어나 있었다. 냉장고 문에 붙은 그 그림은 우리 가족의 이야기를 상징하는 가장 아름다운 작품이 되었다.

책 속의 세계 (가이드북)

⭐ **책 속의 세계를 그림으로 표현하기, 어떻게 시작할까요?**

아이가 좋아하는 책을 고르고 그 속의 장면을 떠올리며 자유롭게 그림을 그릴 수 있도록 격려해주세요. "네가 가장 좋아하는 책의 주인공은 누구야? 그 주인공의 이야기를 그려볼래?" 같은 질문으로 상상력을 자극해보세요.

💗 그림 속에 숨겨진 이야기

1. 주인공의 모습
- 주인공이 크게 그려지고 밝은색을 사용했다면 아이가 자신감을 느끼고 있음을 나타냅니다.
- 작거나 흐릿하게 그려졌다면 내면의 불안감이나 자신감 부족을 암시할 수 있습니다.

2. 배경의 표현
- 배경이 풍부하고 구체적이라면 아이의 상상력과 책 속 장면

에 대한 몰입을 반영합니다.
- 배경이 단조롭거나 생략되었다면 책과의 감정적 연결이 약할 가능성이 있습니다.

3. 책 속 상징의 사용
- 음표, 별 등 아이가 추가한 상징적인 요소는 감정의 표현과 창의적 해석을 나타냅니다.
- 어두운색으로 표현되거나 복잡하다면 스트레스나 억압된 감정을 반영할 수 있습니다.

✻ 이렇게 질문해보세요

"이 그림 속에서 주인공은 무슨 이야기를 하고 있을까?"

"주인공이 너라면 이 장면에서 어떤 선택을 했을까?"

"이 이야기에 더 추가하고 싶은 장면이 있다면 어떤 걸 그릴래?"

"이 책이 현실이라면 네가 제일 먼저 해보고 싶은 일은 뭐야?"

👑 부모님을 위한 팁

- "네가 그린 이 장면이 정말 멋지다! 주인공이 마치 네가 책 속에서 느낀 감정을 그대로 보여주는 것 같아!" 같은 칭찬으로 아이가 그림에 몰입한 시간을 소중히 느끼게 해주세요.
- 아이와 책 속 이야기를 주제로 대화를 나누며, "책 속 주인공처럼 네가 꿈꾸는 세상은 어떤 모습일까?" 같은 질문으로 아이의 상상력을 키워줄 수 있습니다.

※ 그림으로 모든 걸 판단할 수 없습니다. 그림은 도구일 뿐, 아이와 대화하는 것이 더 중요합니다.

#18. 산타의 선물

▨ 읽기 전에 함께 그려볼까요?
크리스마스에 가장 기억에 남는 순간을 그림으로 표현해보세요.
<산타 할아버지, 크리스마스트리, 또는 가족과 함께한 특별한 시간>을
담아보세요.

눈이 소복하게 내린 아침이었다.

잠에서 깨어난 우리는 커튼을 열고 눈이 쌓인 풍경을 바라보았다. 아파트 단지의 나무는 하얀 이불을 덮은 듯했고 산책로에는 설경이 펼쳐져 있었다. 안나도 침대에서 벌떡 일어나 창문으로 달려갔다.

"아빠, 눈이 와요! 진짜 많이 왔어요!"

나는 커피 한 모금을 마시며 창밖을 바라봤다. 작은 참새 한 마리가 눈 덮인 난간에 앉아 몸을 부풀리며 앉아 있었다. 잠시 후 조그만 부리로 털을 다듬더니 고개를 갸웃거리고는 나뭇가지로 사뿐히 날아갔다.

"정말 예쁘지? 오늘은 눈사람도 만들고 눈싸움도 하자."

나는 딸의 머리를 쓰다듬으며 말했다. 안나는 환호성을 지르며 방으로 달려가 두꺼운 외투와 목도리를 가져왔다. 우리는 따뜻한 장갑과 부츠를 신으며 준비를 마쳤다.

"자, 준비됐니? 이제 나가볼까?"

문을 열자 차가운 겨울 공기가 얼굴을 스쳤다. 안나는 제일 먼저 뛰어나가 두 팔을 벌리며 하늘을 올려다보았다. 하늘에서는 여전히 작은 눈송이들이 내리고 있었다. 안나는 손을 뻗어 눈송이를 잡으려 했고, 곧 내게 돌아서며 외쳤다.

"아빠! 눈이 정말 부드러워요!"

나는 미소를 지으며 눈덩이를 하나 뭉쳤다. 그리고는 장난스럽게 안나를 향해 던졌다. 눈덩이는 딸의 발치에 닿았고 안나도 깜짝 놀란 듯 내게 눈을 던지기 시작했다. 웃음소리가 주변에 울려 퍼졌다. 눈싸움은 금세 눈사람 만들기로 이어졌다. 딸은 작고 둥근 눈덩이를 만들어 머리를 만들었고 나는 커다란 몸통을 굴렸다. 주변에서 나뭇가지를 주워 팔을 만들고 작은 돌멩이로 눈과 입을 붙였다.

"눈사람도 목도리가 필요할까요?"

안나는 자신의 목도리를 풀어 눈사람의 목에 감아주었다.

"이제 눈사람도 춥지 않을 거예요."

나는 아이의 따뜻한 마음씨에 미소 지었다.

"네가 이렇게 따뜻하게 해줬으니 눈사람도 행복할 거야."

안나는 눈사람을 꼭 끌어안았다.

"이제 이 눈사람은 우리 가족이에요. 이름은 눈동이로 할래요!"

저녁이 되자 집 안은 크리스마스 분위기로 가득 찼다. 트리는 반짝이는 장식들로 화려하게 꾸몄고 그 아래에 커다란 양말을 정성스럽게 걸었다. 아이는 양말을 곧게 펴며 소리 내어 말했다.

"산타 할아버지가 여기에 선물을 넣어주실 거예요. 아빠, 정말 오실까요?"

나는 미소 지으며 고개를 끄덕였다.

"그럼. 산타는 항상 착한 아이를 찾아오시니까."

딸은 진지한 얼굴로 양말 앞에 앉아 두 손을 모았다.

"산타 할아버지, 우리 가족 모두 행복하게 해주세요."

딸의 순수한 기도에 아내와 나는 왠지 눈시울이 붉어졌다. 딸이 잠든 후 아내와 나는 살금살금 트리 앞으로 다가가 양말 속에 초콜릿을 넣고 아이가 원하던 장난감을 놓았다. 창밖으로 들어온 달빛이 트리 장식을 환하게 비추는 것 같았다.

다음 날 아침, 딸은 침대에서 일어나자마자 거실로 달려갔다. 트리 아래를 본 아이의 눈이 커다래졌다.
"산타 할아버지가 다녀가셨어요! 진짜로요!"
안나는 선물을 열며 방방 뛰었다. 이번엔 설레는 표정으로 양말 속에서 초콜릿을 꺼내 들었다. 아내와 나는 전날 사놓은 선물을 딸이 좋아할지 내심 긴장하고 있었다. 포장지 속 상자가 딸에게 어떤 의미로 다가갈지 궁금하면서도 설레는 마음이었다.
"아빠, 이거 산타 할아버지가 우리 가족 모두를 위해 주신 거 같아요. 아빠도 하나 드세요!"
아이는 초콜릿을 아내와 나에게 건넸다. 나는 초콜릿을 한입에 쏙 집어넣었다.

《겨울》하얀 눈 위에 그린 약속

오후가 되자 딸은 크레파스를 꺼내 그림을 그리기 시작했다. 그림 속에는 크리스마스트리와 루돌프, 그리고 산타할아버지의 모습이 담겨 있었다.

"산타 할아버지 정말 최고예요! 감사합니다!"

그 모습을 보며 아내와 나는 안도의 미소를 지었다. 딸의 웃음이 우리의 노력을 빛나게 해주었다.

선물 상자를 열고 기뻐하는 딸의 모습을 보며 나는 문득 산타의 존재가 선물 이상의 의미를 지닌다는 것을 알게 되었다. 그것은 아이들의 상상력을 자극하고 세상을 조금 더 따뜻하게 바라보게 하는 마법 같은 믿음이었다.

"엄마, 아빠, 이 그림은 제가 산타 할아버지께 드릴 거예요. 고맙다고요!"

우리는 딸의 그림을 바라보며 함께 웃었다. 그 순간 눈사람도 산타도, 하얀 눈도 모두 우리 가족의 따뜻한 기억으로 남았다.

산타는 멀리 있지 않았다. 우리의 마음속에, 그리고 서로를 위한 작은 배려와 사랑 속에 이미 존재하고 있었다.

🎨 산타의 선물 (가이드북)

⭐ 크리스마스의 따뜻한 순간을 그림으로 표현하기, 어떻게 시작할까요?

종이와 크레파스를 준비하고 아이가 가장 기억에 남는 크리스마스 순간을 떠올리며 자유롭게 그림을 그릴 수 있도록 격려해주세요.

"산타 할아버지가 오셨을 때 어떤 기분이었어? 그 장면을 그림으로 그려볼래?" 같은 질문으로 아이의 상상력을 자극해보세요.

❤️ 그림 속에 숨겨진 이야기

1. 산타의 모습과 위치

- 산타가 그림 중심에 있고 크게 그려졌다면 산타의 존재가 아이에게 긍정적이고 특별한 의미를 가집니다.
- 산타가 작거나 배경에 치우쳐 있다면 산타의 의미가 상징적이거나 크리스마스의 다른 요소에 초점이 있을 가능성이 있습니다.

2. 트리와 선물의 표현

• 트리가 화려하고 선물 상자가 많다면 크리스마스에 대한 기대감과 흥미를 나타냅니다.

• 선물이 생략되었다면 가족과의 순간 자체를 더 중요하게 여길 수 있습니다.

3. 배경의 표현

• 밝고 생동감 있는 배경은 크리스마스의 즐거움과 따뜻한 정서를 나타냅니다.

• 배경이 단조롭거나 생략되었다면 크리스마스와 추억이 선명하지 않을 수 있습니다.

✳ 이렇게 질문해보세요

"산타 할아버지가 어떤 선물을 주실까?"

"네가 산타라면 어떤 선물을 주고 싶어?"

"눈사람이나 트리를 더 꾸민다면 어떤 장식을 하고 싶어?"
"산타할아버지는 너에게 무슨 말을 하실까?"

♛ 부모님을 위한 팁

"그림 속 크리스마스트리랑 산타가 정말 멋져! 네가 산타 할아버지께 전하고 싶은 마음이 잘 보이는 것 같아." 같은 칭찬으로 아이가 자신의 그림에 자부심을 느낄 수 있게 해주세요.

※ 그림으로 모든 걸 판단할 수 없습니다. 그림은 도구일 뿐, 아이와 대화하는 것이 더 중요합니다.

#19. 함께 만들어 가는 집

▨ 읽기 전에 함께 그려볼까요?
여러분이 **<꿈꾸는 집>**을 그려보세요. 어떤 색깔의 지붕을 가지고 있고,
창문 너머로 보이는 풍경은 어떤 모습인지 상상해보세요.

겨울바람이 코끝을 스치고 지나갔다.

눈송이가 살랑이며 떨어지다 바닥에 닿기도 전에 사라져 버렸다. 아내와 나는 서로의 손을 마주 잡았다. 손끝으로 전해지는 온기에 왠지 마음이 간지러워 웃음이 새어 나왔다.

"여기가 우리 집이야."

내 말에 아내는 고개를 돌려 집을 바라봤다. 벽돌 틈새마다 시간의 흔적이 묻어났고 유리창은 먼지로 뿌옇게 흐려져 있었다. 그럼에도 창문을 통해 스며드는 따스한 햇살이 집을 특별하게 만들고 있었다.

"어때? 마음에 들어?"

나는 어색한 미소 지으며 물었다.

아내는 대답 대신 조용히 문 앞으로 다가가 손끝으로 문틀을 만지며 혼잣말하듯 속삭였다.

"너무 좋아. 여기서 우리 아이를 키운다고 생각하니 설렌다."

그때 아내의 뱃속에는 새 생명이 자라고 있었다.

현관문을 열고 들어서자 삐걱거리는 나무 바닥이 발소리를 따라 울렸다. 낡은 가구와 오래된 벽지가 세월의 흔적을 고스란히 보여주고 있었다.

"여기에 커튼을 달고, 저 창가에는 식탁을 놓는 거야. 거실에는 소파랑 아이 장난감을 놓을 공간도 만들어야겠지."

아내는 점점 더 구체적인 계획을 말하기 시작했다. 마치 이곳에서의 삶이 생생히 그려지기라도 한 듯이.

작지만 아늑한 집, 이곳은 우리의 새로운 시작을 알리는 공간이었다.

시간이 흐르면서 이 집은 우리에게 점점 익숙해졌다. 창밖에서 들려오는 새소리, 저녁마다 들리는 이웃의 강아지 짖는 소리까지. 우리는 소중한 행복을 하나씩 찾아갔다. 하지만 모든 것이 순탄치만은 않았다. 아이가 태어나고 우리는 육아에 지쳐갔다. 거기에 대출금 이자의 부담까지 더해졌다.

"이번 달은 대출을 좀 더 받아야 할 것 같아."

내가 한숨 섞인 목소리로 말했다. 경제적인 부담은 종종 우리의 대화를 짧게 끊어 버렸다. 하지만 그런 순간에도 우리 딸 안나는 우리를 웃게 했다.

"아빠! 내가 유치원에서 그린 우리 집이야!"

아이의 손에는 크레파스로 그린 커다란 그림 한 장이 들려 있었다. 그림 속에는 갈색 지붕과 노란색 벽, 빨간색 문과 커다란 창문이 그려져 있었다. 창문 밖으로는 햇살이 비치고 한쪽에는 강아지가 꼬리를 흔들며 뛰어노는 모습도 보였다.

"우리 딸 눈에는 이 집이 이렇게 보이는구나."

어릴 적 가난했던 나는 부모님과 함께 여러 차례 이사를 다녔다. 그때마다 전학을 가야 했고 새로운 친구들과 어울리는 게 힘들었다. 익숙해질 만하면 떠나야 했던 그 장소들은 내게 집이 아닌 그저 잠시 머무는 곳일 뿐이었다.

특히 추운 방 한구석에 웅크리고 앉아 책을 읽던 기억이 선명하다. 그 방에는 창문 틈새로 바람이 들어왔고 나는 담요로 그 틈을 막으려 애썼다. 그날 이후 '집'이라는 단어는 내게 안정감보다는 부족함과 떠돎의 상징이 되어버렸다.

그래서 아이가 뛰놀며 "우리 집!"이라고 외칠 때마다 가슴 한편이 뭉클했다. 내 아이에게는 그런 떠돎의 기억 대신 이 집이 보금자리로 남을 것이라는 사실에 안도감이 들었다.

나는 아이가 그린 그림을 책상 위에 펼쳐 놓고 자세히 들여다 봤다. 그림을 보니 우리의 이야기가 떠올랐다. 처음 이 집에 들어왔을 때의 설렘, 그리고 그 뒤에 찾아온 현실의 무게들.

특히 그림 속 커다란 창문을 한참 바라보았다. 그 창문은 우리가 처음 이 집을 찾았을 때 아내가 손끝으로 만지며 "여기다 커튼을 달면 예쁠 것 같아."라고 말했던 바로 그 창문이었다. 낡은 나무 바닥이 삐걱거릴 때마다 아이가 처음 걸음마를 떼던 순간이 떠올랐다. 벽에 남은 얼룩들은 아이가 손에 묻은 크레파스를 무심코 문질렀던 흔적이었다. 하나하나가 추억이었다.

그날 밤, 아내와 아이가 잠든 후 나는 거실에 앉아 창밖을 바라보았다. 겨울바람이 다시 창문을 스치고 지나갔다. 처음 이 집을 봤을 때처럼 눈이 살짝 내리고 있었다.

나는 이 집이 좋다. 이 집은 낡고 작을지 몰라도 그 안에서 우리가 만들어 가는 이야기는 그 어떤 저택보다도 풍요롭고 따뜻했다.

함께 만들어 가는 집 (가이드북)

★ 꿈꾸는 집, 어떻게 시작할까요?

종이와 크레파스, 물감 등을 준비하고 아이가 자유롭게 자신이 꿈꾸는 집을 표현할 수 있도록 격려해주세요.

"네가 살고 싶은 집은 어떤 모습이야?" 또는 "창문 밖에는 어떤 풍경이 보였으면 좋겠어?"와 같은 질문으로 상상력을 자극해보세요.

♥ 그림 속에 숨겨진 이야기

1. 지붕

- 크고 튼튼한 지붕은 아이가 안정감과 보호받는 느낌을 가진다는 신호입니다.
- 작거나 비뚤어진 지붕은 불안정함을 나타냅니다.

2. 문과 창문

- 크고 밝은 문과 창문은 외부 세계와의 소통을 의미합니다.

- 작거나 없는 경우엔 아이가 조금 더 방어적인 태도를 가질 수 있습니다.

3. 배경 요소
- 나무, 꽃, 동물 등 자연 요소가 많다면 아이가 긍정적인 정서를 가지고 있다는 신호입니다.
- 단조롭거나 어두운 배경은 심리적 어려움을 나타낼 가능성이 있습니다.

4. 색상
- 밝고 따뜻한 색은 행복과 안정감을 반영합니다.
- 어두운색은 스트레스나 불안의 표현일 수 있습니다.

✺ 이렇게 질문해보세요

"이 집에서 누구랑 살고 싶어?"

"창문 밖에서 뭐가 보이면 좋을까?"

"네가 이 집에서 가장 좋아하는 곳은 어디야?"

⚜ 부모님을 위한 팁

- "이 집에서 제일 하고 싶은 건 뭐야?" 같은 대화로 아이가 그림 속 집에서 꿈꾸는 이야기를 들어주세요.
- 아이와 함께 그림 속 집을 꾸며 보며 가족이 함께 만들어갈 행복한 공간의 의미를 나눠주세요.

※ 그림으로 모든 걸 판단할 수 없습니다. 그림은 도구일 뿐, 아이와 대화하는 것이 더 중요합니다.

#20. 다시, 봄

▨ 읽기 전에 함께 그려볼까요?
<다시 찾아온 봄>을 그림으로 표현해보세요.
새싹이 돋아나는 들판, 따스한 햇살 아래 핀 꽃들,
또는 가족과 함께한 포근한 순간을 그려보세요.

봄은 더디게 오는 듯하다가도 어느새 우리 곁에 와 있었다.

 골목길마다 벚꽃이 흐드러지게 피었고 따뜻한 바람이 집 안 구석구석 스며들었다. 겨울의 흔적은 마치 처음부터 없었던 것처럼 사라졌다. 창밖을 보니 자전거를 타고 다니는 아이들과 그 뒤를 쫓는 강아지들이 보였다. 아이들의 웃음소리와 함께 흙먼지가 날렸다. 나도 모르게 입가에 미소가 번졌다.

 책상 위에는 오랫동안 손대지 않았던 노트와 펜이 놓여 있었다. 언제부터였을까. 나는 항상 무언가를 이루려 애쓰고 더 많은 것을 증명하기 위해 모든 시간을 바쳤다. 하지만 그 과정에서 내 진정한 모습은 점점 흐려졌다. 그때 나를 멈춰 세운 건 다름 아닌 딸의 그림 한 장이었다. 크레파스로 그려진 흐릿하고 작은 내 모습. 아이가 그린 선과 색이 내 삶의 방향을 뒤흔들어 놓았다.

그제야 주변이 보이기 시작했다. 딸이 처음 걸음마를 뗐던 날, 유치원 첫 등원 날의 떨림, 아빠의 손을 꼭 잡으며 "아빠, 나 긴장돼."라고 말했던 순간들. 멈춰 서 보니 내가 놓치고 있던 세상이 보였다. 그리고 어느새 안나의 유치원 졸업식이 다가왔다.

졸업식장은 마치 축제처럼 화사하게 꾸며졌다. 벽면에는 아이들의 그림과 졸업 축하 메시지가 가득했고 '졸업을 축하합니다'라고 적힌 현수막이 무대를 장식했다. 하지만 그 밝은 분위기 속에서도 공기는 묘한 아쉬움으로 가득했다.

"선생님. 그동안 저희를 가르쳐 주셔서 감사합니다!"

아이들의 맑은 목소리가 강당에 울려 퍼졌다. 처음에는 힘차고 또렷했지만 노래가 반복될수록 아이들의 목소리가 흔들리기 시작했다. 눈시울을 붉히는 아이들 사이에서 딸아이의 모습을 보니 나 또한 코끝이 찡했다. 안나는 노래를 부르며 입술을 꾹 다물고 눈물을 참으려 애쓰고 있었다. 그리고 마침내 한 아이가 울음을 터뜨리자 연달아 다른 아이들도 울기 시작했다. 안나도 끝내 참지 못하고 눈물을 흘렸다.

졸업장 수여식은 아이들이 진정된 후에야 시작됐다. 선생님이 딸의 이름을 부르자 나도 모르게 몸을 앞으로 기울였다. 안나는 울음을 꾹 참은 얼굴로 무대에 올라갔다. 선생님께 인사를 하고 졸업장을 받는 순간 강당은 박수 소리로 가득 찼다.

안나는 졸업장을 품에 안고 우리를 향해 고개를 들었다. 눈이 붉게 충혈되어 있었지만 그래도 미소를 지으려 애쓰는 모습이었다. 안나는 자리로 돌아와 졸업장을 조심스레 무릎 위에 올려놓았다. 마치 소중한 보물이라도 되는 것처럼 두 손으로 꼭 붙들고 있었다. 아내는 눈물을 훔치며 속삭였.

"언제 저렇게 컸을까… 우리 딸."

졸업식이 끝난 뒤, 안나는 조그맣게 접은 노란 편지를 내밀었다.
"엄마, 아빠. 이거 읽어봐요. 꼭 아무도 없을 때 봐야 돼요. 비밀편지예요."

아내와 나는 편지를 받아들고 조심스럽게 펼쳤다. 그리고 삐뚤빼뚤하게 적힌 글씨를 하나, 하나 천천히 읽어 내려갔다.

비밀편지

엄마, 아빠에게.

이건 비밀인데요.

유치원에서 친구들이랑 선생님이랑 많이 놀았어요.

근데 이제 못 놀아서 조금 슬퍼요. 눈물이 나올 뻔했어요.

사실은 선생님 말씀 안 듣고 몰래 과자 먹은 적 있어요.

처음 유치원 갔을 때 눈물이 조금 났어요.

그런데 엄마랑 아빠가 손잡아줘서 안 무서웠어요.

엄마는 제가 아플 때마다 꼭 안아줬어요.

그래서 저는 아플 때도 울지 않았어요.

아빠는 제가 그림 그릴 때 진짜 화가 같다고 했죠?

그 말 듣고 진짜 화가가 되고 싶었어요.

초등학교는 좀 무서울 것 같아요.

친구도 없고 선생님도 처음 만나니까요.

제 자리가 어디일지 못 찾을까 봐 걱정돼요.

근데 엄마, 아빠가 있으면 괜찮을 것 같아요.

엄마, 아빠. 저는 엄마, 아빠가 제일 좋아요.

많이 많이 사랑해요.

안나가.

편지 끝에는 작은 하트와 삐뚤빼뚤한 그림이 그려져 있었다. 편지를 읽으며 아내와 나는 아무 말도 하지 못했다. 안나는 편지의 끝자락을 만지작거리며 눈을 깜빡였다. 아내는 이미 아이를 끌어안고 눈물을 흘리고 있었다.

"엄마, 왜 울어? 나 이제 잘할 수 있어."

나는 그런 안나를 바라보며 결심했다. 아이가 더 큰 세상으로 나아가도 언제나 안나의 곁에서 힘이 되어주겠다고.

졸업식장을 나서는 길에 벚꽃잎이 흩날리고 있었다. 이별과 시작이 공존하는 날이었다. 봄은 그렇게, 안나와 우리 가족에게 또 다른 페이지를 열어주고 있었다.

아빠와 크레파스

에필로그: 가족이라는 풍경

인생은 계절의 변화처럼 끊임없이 흘러갑니다.

 봄이 오면 새싹이 돋고 여름의 푸르름을 지나 가을의 이별을 겪은 뒤, 겨울의 고요 속에 잠시 숨을 고릅니다. 그리고 다시 봄, 모든 것이 새로워지는 계절이 찾아옵니다. 이런 흐름 속에서 만남과 헤어짐을 경험하며 잃어버린 것과 얻은 것을 돌아보게 됩니다.

 문득 딸아이의 유치원 졸업식 날이 떠오릅니다. 그날 우리는 벚꽃 날리는 길을 걸으며 울기도 하고 웃기도 했습니다. 딸아이는 졸업식장에서 "안녕, 유치원!"이라며 돌아섰고 그 뒷모습은 초등학교에 대한 두려움과 설렘이 교차하는 모습이었죠.

 그 후로도 시간은 계속 흘렀습니다. 봄날에는 자전거를 배우며 넘어지고 여름에는 물놀이를 했죠. 가을이면 낙엽 속에서 놀다 미끄러져 울기도 했습니다. 겨울이 오면 창밖의 눈을 보며 잠들었지요. 이런 소소한 순간들이 모여 냉장고 위 그림처럼 우리 가족만의 이야기가 만들어졌습니다.

물론 이별도 있었습니다. 친구들과 헤어지고 선생님과 작별하며 더 크고 낯선 세계로 발을 디뎠습니다. 처음에는 매일 밤 걱정하는 딸아이를 보며 저도 마음이 아팠습니다. 하지만 시간이 지나면서 아이는 자신만의 방법으로 새로운 환경에 적응했습니다. 그 과정에서 저 또한 부모로서 많은 걸 배우고 느꼈습니다.

봄날, 딸아이의 손을 잡고 학교 운동장을 걸을 때가 기억납니다. 아이는 자신보다 큰 책가방을 메고 말없이 제 손을 꼭 잡았습니다. 딸은 여전히 작고 어린아이였지만 한 걸음 한 걸음 내

디디며 조금씩 자신의 세계를 넓혀가고 있었습니다. 그때 깨달았습니다. 부모가 할 수 있는 가장 큰 일은 아이가 자신만의 속도로 세상을 배우고 성장할 수 있도록 옆에서 조용히 응원해주는 것이라는 것을요.

 오늘도 냉장고 위에는 딸아이가 그린 그림이 붙어있습니다. 이번 그림에선 우리 가족 모두가 손을 잡고 있습니다. 아빠는 더 이상 작고 흐릿하지 않았고 아이는 중심에 자리 잡고 있습니다. 무엇보다 아이의 웃음이 그림 전체를 환하게 밝히고 있죠.

 그림을 보며 딸아이와 나눈 대화가 떠오릅니다.

 "아빠, 그림 속의 아빠는 왜 커졌을까요?"

 아이가 장난스레 물었을 때, 저는 웃으며 대답했습니다.

 "아빠가 너랑 더 많은 시간을 보냈으니까?"

 딸아이는 고개를 끄덕이며 말했습니다.

 "맞아요. 아빠랑 같이 있으면 더 행복해요."

그림 속에서 보이는 변화는 아이가 느끼는 관계와 감정의 변화입니다. 부모가 아이의 곁에 있다는 사실이 아이의 세상을 얼마나 밝게 만들어줄 수 있는지를 다시금 깨닫게 합니다.

계절이 돌고 돌아 다시 봄이 온 것처럼 우리 삶의 이야기 또한 시작과 끝을 반복합니다.

봄날의 창문을 열고 그림을 바라보며 생각합니다. 삶이란 결국 사랑했던 사람들과 함께하는 작은 순간들의 모음이라는 것을요. 그림 속 딸아이의 웃음처럼 함께했던 소소한 기쁨들이 삶을 환히 비추고 있음을요.

언젠가 딸아이가 더 자라 이 집을 떠날 날이 오겠죠. 하지만 그날이 와도 냉장고 위의 그림을 보며 아이와 함께한 모든 순간을 기억할 겁니다. 또 다른 계절이 찾아와도 우리 가족은 여전히 서로의 그림 속에 선명히 자리하고 있을 것입니다.

삶은 결국 끝없이 이어지는 하나의 그림입니다. 한 사람이 시작한 선이 다음 사람의 색으로 물들고 시간이 덧입혀지며 완성되어 가는 거대한 풍경. 그 풍경은 계절을 건너 새로운 봄으로 향하고 있습니다.

그리고 그 모든 풍경의 이름은 '가족'일 것입니다.

아빠와 크레파스

초판 1쇄 인쇄	2025년 5월 23일
초판 1쇄 발행	2025년 6월 9일

지은이	김도영
펴낸이	이장우
책임편집	송세아
일러스트	안나
디자인	theambitious factory
제작	안소라 김소은
관리	김한다 한주연
인쇄	KUMBI PNP
펴낸곳	도서출판 꿈공장플러스
출판등록	제 406-2017-000160호
주소	서울시 성북구 보국문로 16가길 43-20 꿈공장 1층
이메일	ceo@dreambooks.kr
홈페이지	www.dreambooks.kr
인스타그램	@dreambooks.ceo
전화번호	02-6012-2734
팩스	031-624-4527

이 도서의 판권은 저자와 꿈공장플러스에 있습니다.
이 책은 저작권법에 의해 보호받는 저작물이므로 무단전재와 무단복제를 금합니다.

일부 맞춤법 및 띄어쓰기의 변형은 저자 고유의 글맛을 살리기 위함입니다.

ISBN	979-11-92134-96-3
정가	16,800원